AF235032

Impressum
Verlag: BABADADA GmbH, Nedderfeld 112 , 22529 Hamburg
Geschäftsführer / Verlagsleitung: Harald Hof
Druck: Books on Demand GmbH, In de Tarpen 42, 22848 Norderstedt

Imprint
Publisher: BABADADA GmbH, Nedderfeld 112 , 22529 Hamburg, Germany
Managing Director / Publishing direction: Harald Hof
Print: Books on Demand GmbH, In de Tarpen 42, 22848 Norderstedt

d Schuel
l'école

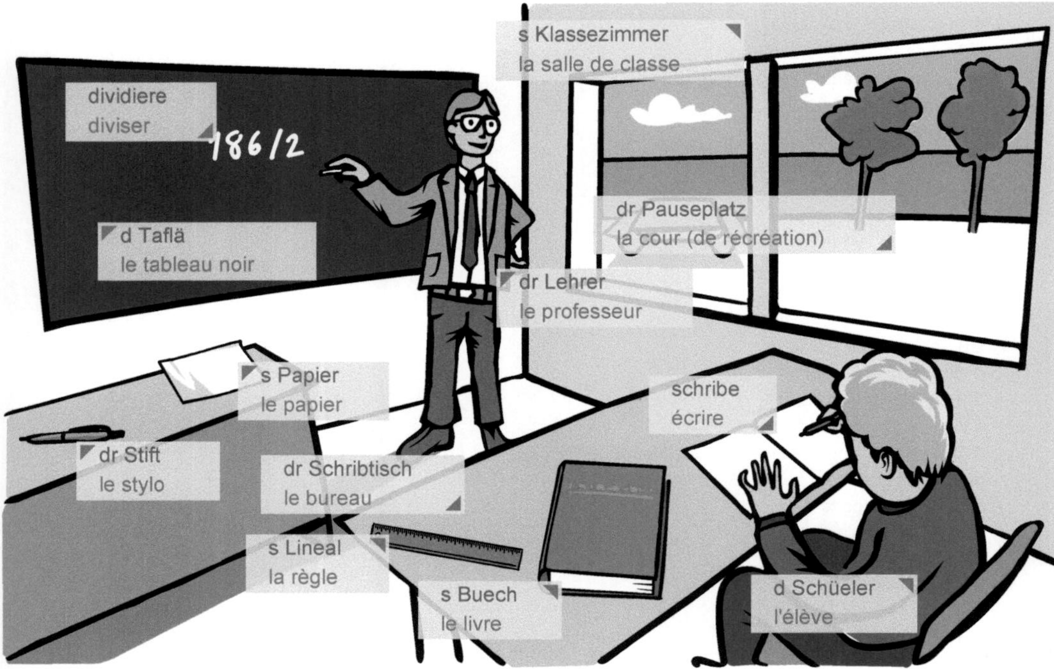
s Klassezimmer
la salle de classe
dividiere
diviser
186/2
d Taflä
le tableau noir
dr Pauseplatz
la cour (de récréation)
dr Lehrer
le professeur
s Papier
le papier
schribe
écrire
dr Stift
le stylo
dr Schribtisch
le bureau
s Lineal
la règle
s Buech
le livre
d Schüeler
l'élève

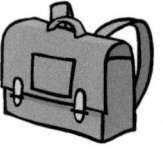

dr Thek

le cartable

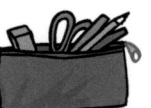

s Etui

la trousse

dr Bleistift

le crayon

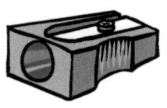

dr Spitzer

le taille-crayon

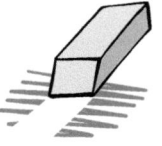

s Radiergummi

la gomme

dr Zeicheblock

le carnet à dessin

d Zeichnig

le dessin

dr Pinsel

le pinceau

dr Malchaschte

la boîte de peinture

d Schär

les ciseaux

dr Liim

la colle

s Üebigsheft

le cahier d'exercices

d Huusufgabe

les devoirs

d Zahl

le chiffre

addiere

additionner

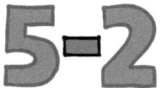

subtrahiere

soustraire

multipliziere

multiplier

rächne

calculer

dr Buechstabe

la lettre

s Alphabet

l'alphabet

s Wort

le mot

dr Text

le texte

läse

lire

d Kriide

la craie

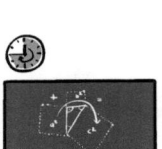

d Lektion

la leçon

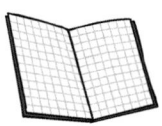

s Klassäbuech

le livre de classe

d Prüefig

l'examen

s Zügnis

le certificat

d Schueluniform

l'uniforme scolaire

d Usbildig

la formation

d Enzyklopädie

le lexique

d Universität

l'université

s Mikroskop

le microscope

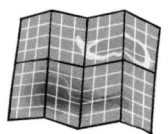

d Charte

la carte

dr Papierchorb

la corbeille à papier

d Reis
le voyage

s Hotel
l'hôtel
Grand
d Härbärg
l'auberge
ROOMS
CHANGE
d Wächselstube
le bureau de change
dr Koffer
la valise
s Auto
la voiture

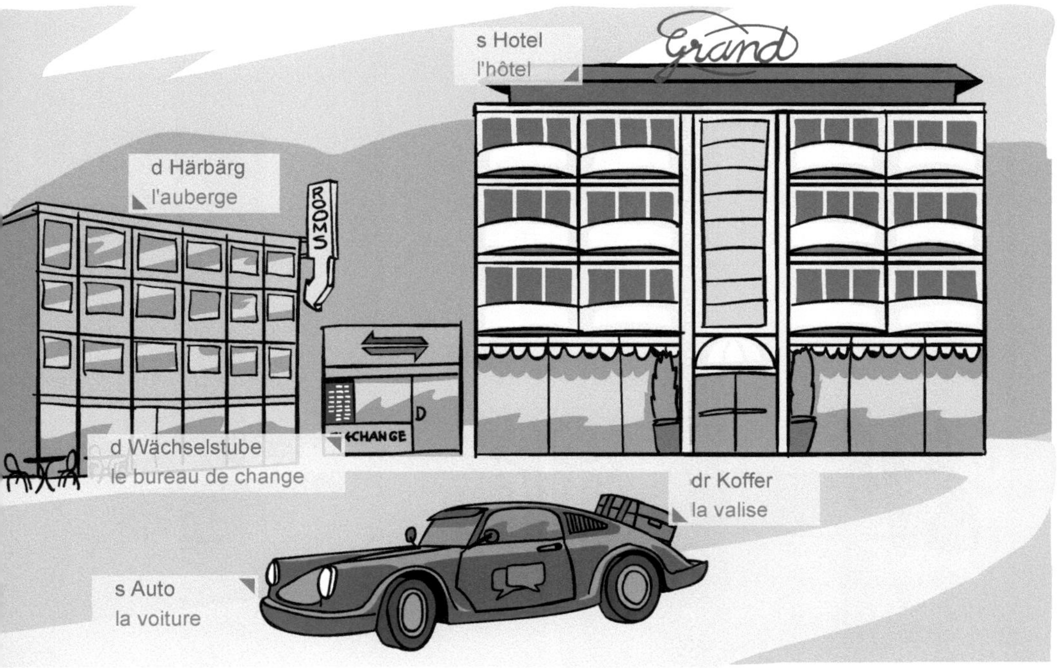

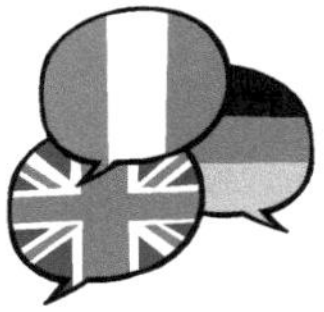

d Sprach
la langue

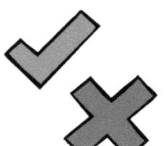

jo / nei
oui / non

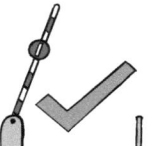

okay
d'accord

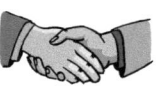

Hallo
Salut

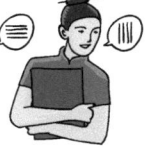

dr Dolmetscher
l'interprète

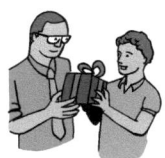

Dankä
merci

Was chostet…?

Combien coûte…?

Ich vrstahs nöd

Je ne comprends pas

s Problem

le problème

Guete Abig!

Bonsoir !

guete Morgä!

Bonjour !

guete Abig!

Bonne nuit !

Uf Wiederseh

Au revoir

d Richtig

la direction

s Bagaasch

les bagages

d Täsche

le sac

dr Rucksack

le sac-à-dos

dr Gast

l'hôte

dr Ruum

la pièce

dr Schlafsack

le sac de couchage

s Zält

la tente

d Touristeninformation

l'office de tourisme

dr Strand

la plage

d Kreditkarte

la carte de crédit

s Zmorge

le petit-déjeuner

s Zmittag

le déjeuner

s Znacht

le dîner

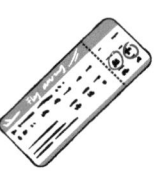

s Billet

le billet

dr Ufzug

l'ascenseur

d Briefmarke

le timbre

d Gränze

la frontière

dr Zoll

la douane

d Botschaft

l'ambassade

s Visum

le visa

dr Pass

le passeport

d Reis - le voyage

dr Transport
le transport

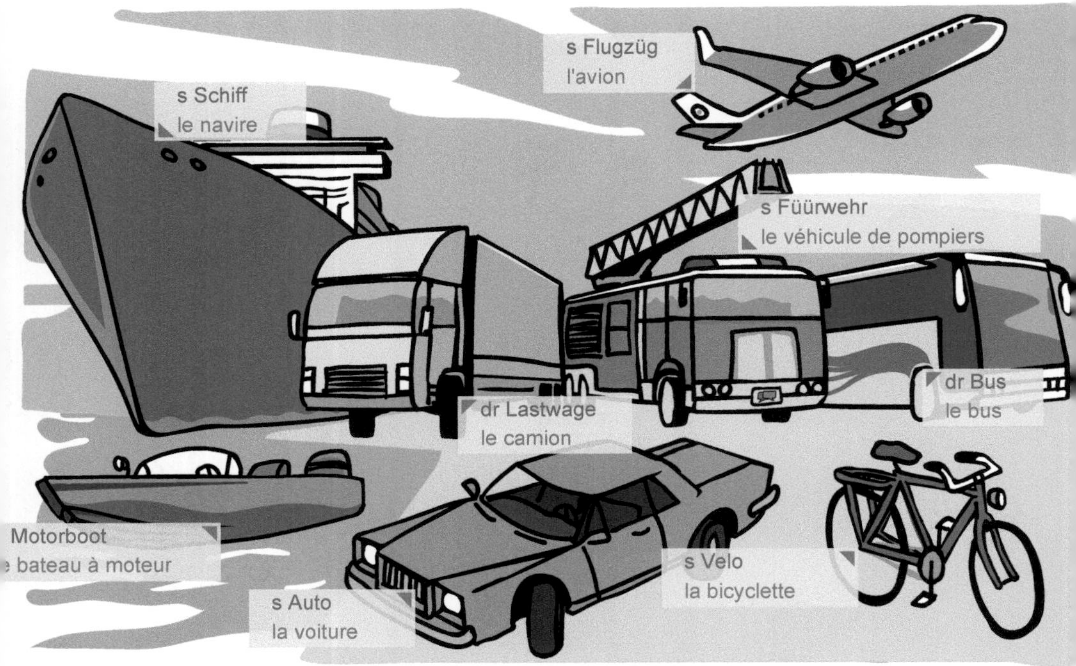

s Schiff
le navire
s Flugzüg
l'avion
s Füürwehr
le véhicule de pompiers
dr Lastwage
le camion
dr Bus
le bus
Motorboot
bateau à moteur
s Auto
la voiture
s Velo
la bicyclette

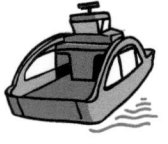

d Fähri

le ferry

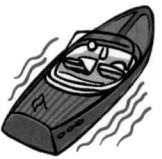

s Boot

la barque

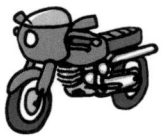

s Töff

la moto

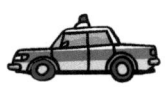

s Polizeiauto

la voiture de police

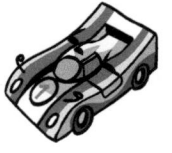

s Rännauto

la voiture de course

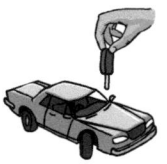

dr Mietwage

la voiture de location

s Carsharing

l'auto-partage

dr Abschleppwage

la voiture de remorquage

dr Chübelwage

la benne à ordures

dr Motor

le moteur

s Benzin

l'essence

d Tankstell

la station d'essence

s Verkehrsschild

le panneau indicateur

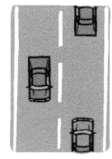

dr Verchehr

le trafic

dr Stau

l'embouteillage

dr Parkplatz

le parking

dr Bahnhof

la gare

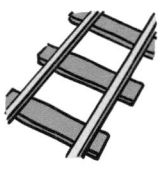

d Schiene

les rails

dr Zug

le train

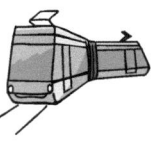

d Strassebahn

le tramway

dr Wagon

le wagon

dr Helikopter

l'hélicoptère

dr Flughafe

l'aéroport

dr Tower

la tour

dr Passagier

le passager

dr Container

le conteneur

dr Karton

le carton

dr Chare

le chariot

dr Korb

la corbeille

starte / lande

décoller / atterrir

d Stadt
la ville

s Dorf

le village

s Stadtzentrum

le centre-ville

s Huus

la maison

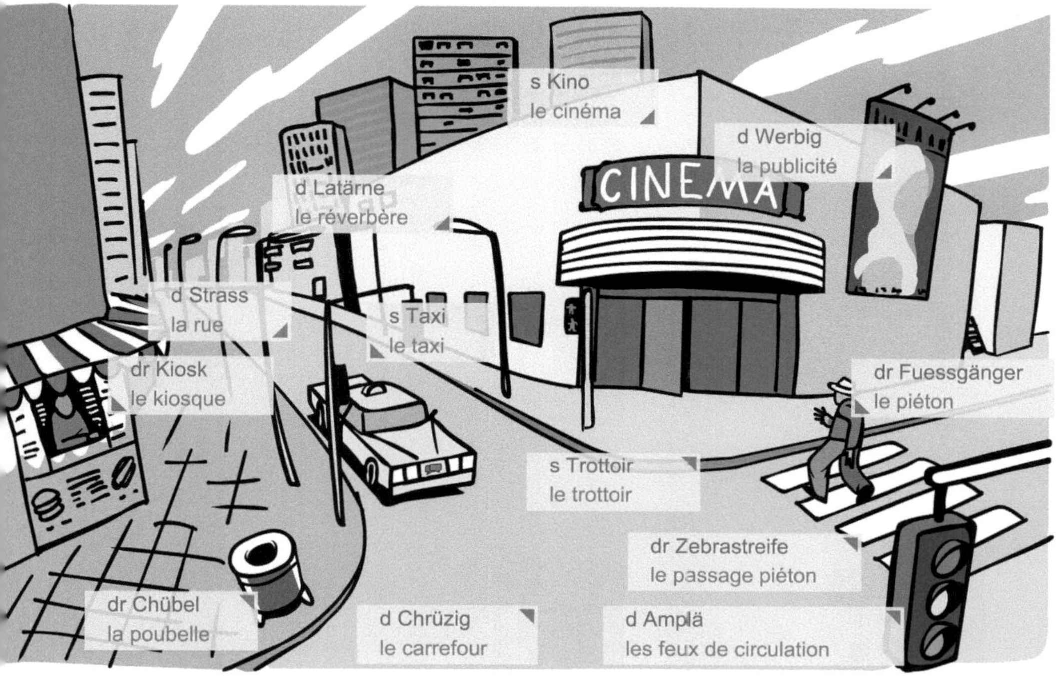

s Kino
le cinéma

d Werbig
la publicité

d Latärne
le réverbère

d Strass
la rue

s Taxi
le taxi

dr Kiosk
le kiosque

dr Fuessgänger
le piéton

s Trottoir
le trottoir

dr Zebrastreife
le passage piéton

dr Chübel
la poubelle

d Chrüzig
le carrefour

d Amplä
les feux de circulation

d Hütte

la cabane

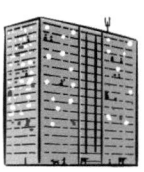

d Wohnig

l'appartement

dr Bahnhof

la gare

s Gmeindshuus

la mairie

s Museum

le musée

d Schuel

l'école

d Stadt - la ville

d Universität

l'université

d Bank

la banque

s Spital

l'hôpital

s Hotel

l'hôtel

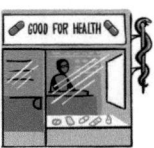

d Apotheke

la pharmacie

s Büro

le bureau

s Buechgschäft

la librairie

s Gschäft

le magasin

dr Bluemelade

le fleuriste

dr Läbensmittellade

le supermarché

dr Märt

le marché

s Chaufhuus

le grand magasin

dr Fischhändler

la poissonnerie

s Iihkaufszentrum

le centre commercial

dr Hafe

le port

dr Park

le parc

d Bank

la banque

d Brugg

le pont

d Stäge

les escaliers

d U-Bahn

le métro

dr Tunnell

le tunnel

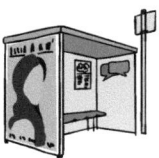

d Bushaltestell

l'arrêt de bus

d Bar

le bar

s Restaurant

le restaurant

dr Briefchastä

la boîte à lettres

s Strasseschild

le panneau indicateur

d Parkuhr

le parcmètre

dr Zolli

le zoo

d Badi

le réverbère

d Moschee

la mosquée

dr Buurehof

la ferme

d Umwältvrschmutzig

la pollution

dr Fridhof

la cimetière

d Chile

l'église

dr Spielplatz

l'aire de jeux

dr Tämpel

le temple

d Landschaft
le paysage

s Blatt
la feuille

dr Wägwiiser
le panneau indicateur

dr Wäg
le chemin

d Wise
le pré

dr Stei
la pierre

dr Baum
l'arbre

dr Wanderer
le randonneur

dr Fluss
la rivière

s Gras
l'herbe

d Bluamä
la fleur

s Tal

la vallée

dr Bärg

la montagne

dr See

le lac

dr Wald

la forêt

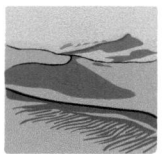

d Wüeschti

le désert

dr Vulkan

le volcan

s Schloss

le château

dr Rägeboge

l'arc-en-ciel

dr Pilz

le champignon

d Palme

le palmier

dr Moskito

le moustique

d Fliege

la mouche

d Ameise

les fourmis

s Biendli

l'abeille

d Spinne

l'araignée

d Landschaft - le paysage

dr Chäfer

le coléoptère

dr Frosch

la grenouille

s Eichhörnli

l'écureuil

dr Igel

le hérisson

dr Haas

le lièvre

d Üle

la chouette

d Vogu

l'oiseau

dr Schwan

le cygne

s Wildschwein

le sanglier

dr Hirsch

le cerf

dr Elch

l'élan

dr Damm

le barrage

d Windturbine

l'éolienne

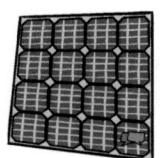

dr Sunnekollektor

le panneau solaire

s Klima

le climat

s Restaurant
le restaurant

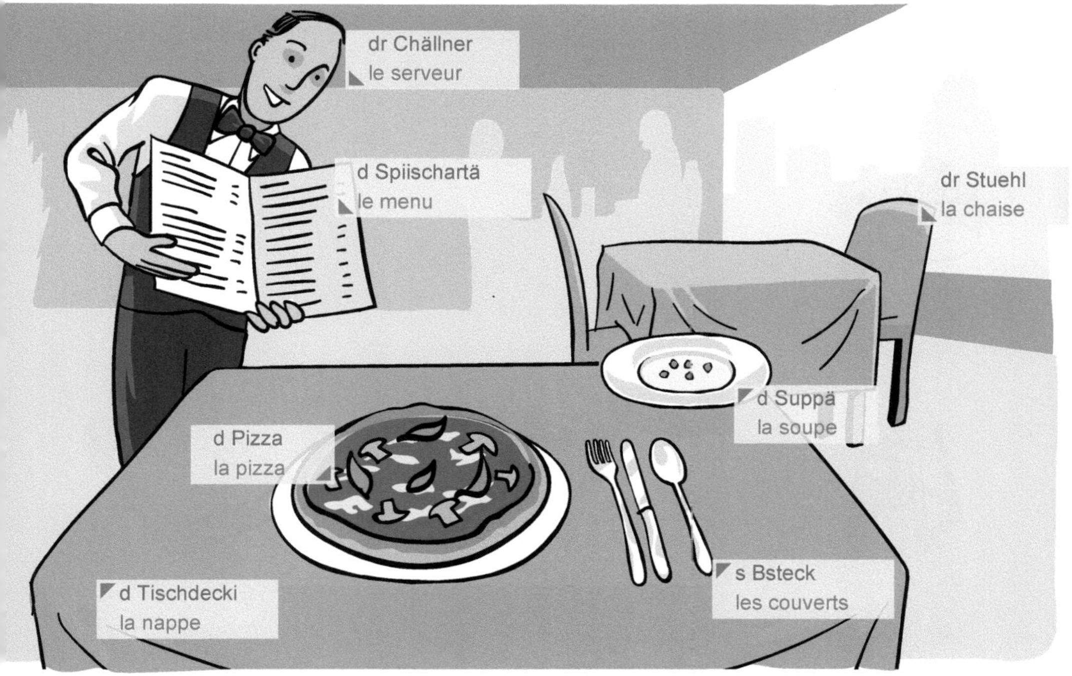
dr Chällner
le serveur
d Spiischartä
le menu
dr Stuehl
la chaise
d Suppä
la soupe
d Pizza
la pizza
s Bsteck
les couverts
d Tischdecki
la nappe

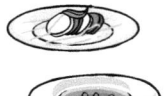

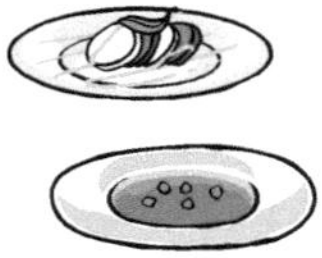

d Vorspiies

les hors d'œuvre

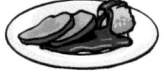

s Hauptgricht

le plat principal

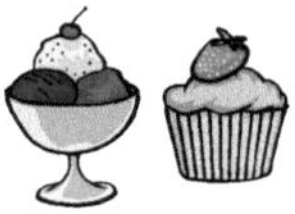

s Dessert

le dessert

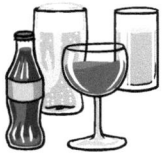

s Getränk

les boissons

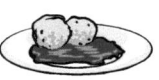

d Läbensmittel

l'alimentation

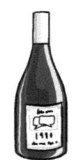

d Fläsche

la bouteille

s Fast Food

le fast-food

s Street Food

les plats à emporter

d Teechanne

la théière

d Zuckerdosä

le sucrier

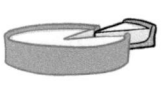

d Portion

la portion

d Espressomaschine

la machine à expresso

dr Hochstuehl

la chaise haute

d Rächnig

la facture

s Tablett

le plateau

s Mässer

le couteau

d Gable

la fourchette

dr Löffel

la cuillère

dr Teelöffel

la cuillère à thé

d Serviette

la serviette

s Glas

le verre

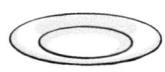

dr Täller

l'assiette

dr Suppetällär

l'assiette à soupe

d Untertasse

la soucoupe

d Sose

la sauce

dr Salzstreuer

la salière

d Pfäffermühli

le moulin à poivre

dr Essig

le vinaigre

s Öl

l'huile

d Gwürz

les épices

ds Ketchup

le ketchup

dr Sänf

la moutarde

d Mayonnaise

la mayonnaise

dr Läbensmittellade

le supermarché

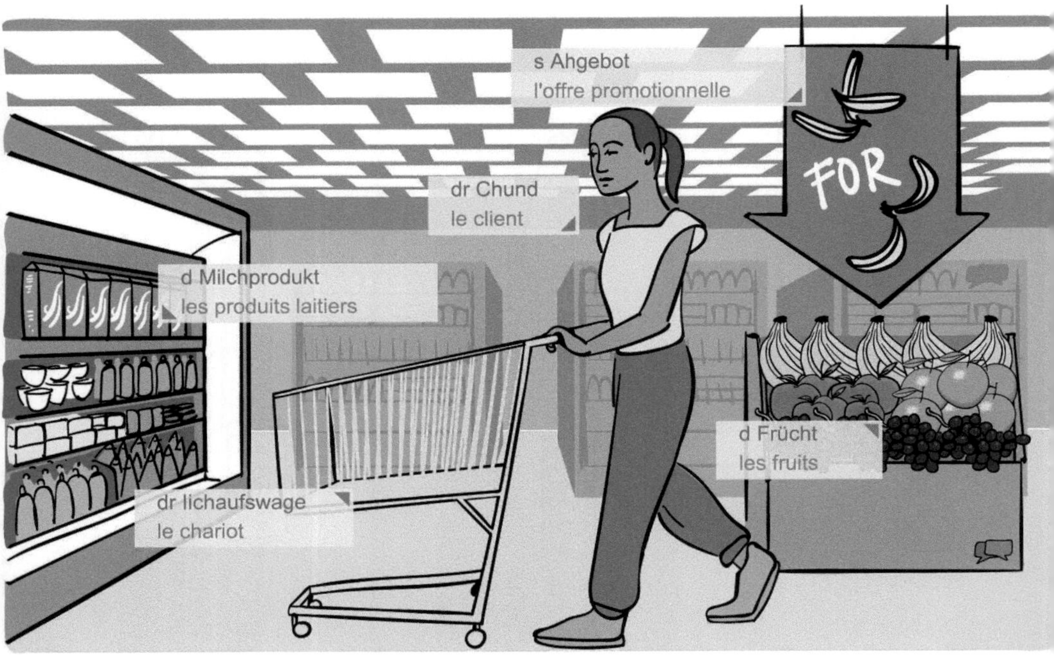

s Ahgebot
l'offre promotionnelle
FOR
dr Chund
le client
d Milchprodukt
les produits laitiers
d Frücht
les fruits
dr Iichaufswage
le chariot

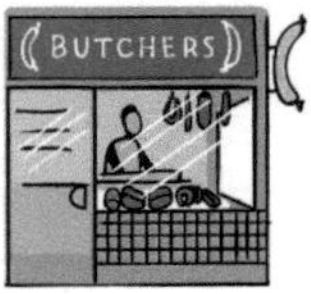

BUTCHERS

dr Schlachter

la boucherie

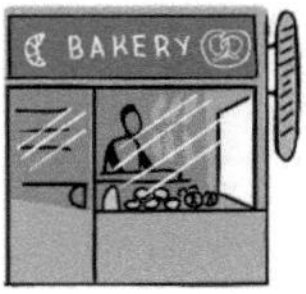

BAKERY

dr Beck

la boulangerie

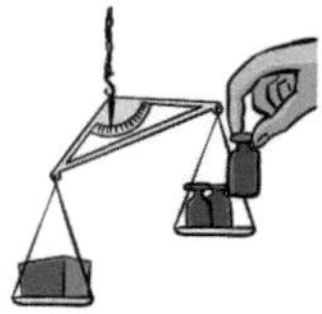

wiege

peser

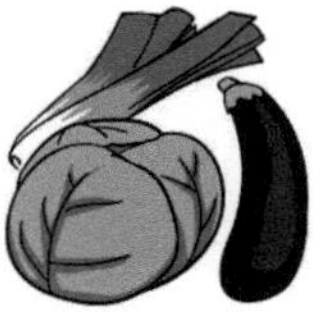

s Gmües

les légumes

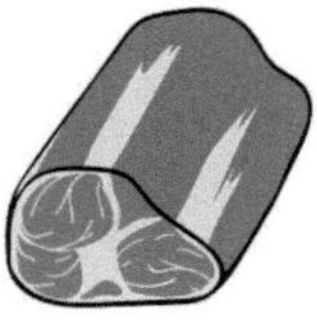

s Fleisch

la viande

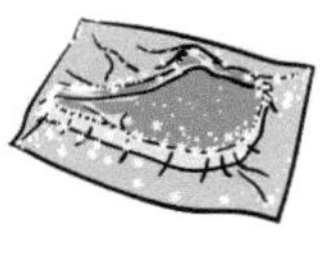

d Tiefkühlprodukt

les aliments surgelés

dr Ufschnitt

la charcuterie

d Konsärve

les conserves

s Wöschmittel

la poudre à lessive

d Süessigkeite

les bonbons

d Huushaltartikel

les articles ménagers

s Putzmittel

les détergents

d Verchäuferin

la vendeuse

d Kassä

la caisse

dr Kassierer

le caissier

d Ihchaufsliste

la liste d'achats

d Öffnigszite

les heures d'ouverture

s Portemonnaie

le portefeuille

d Kreditkarte

la carte de crédit

d Täsche

le sac

dr Plastiksack

le sac en plastique

les boissons

s Wasser

l'eau

dr Saft

le jus de fruit

d Milch

le lait

d Cola

le coca

dr Wii

le vin

s Bier

la bière

dr Alkohol

l'alcool

s Ovi

le chocolat chaud

dr Tee

le thé

dr Kafi

le café

dr Espresso

l'expresso

dr Cappuccino

le cappuccino

d Banane

la banane

dr Öpfel

la pomme

d Orange

l'orange

d Melone

le melon

d Zitrone

le citron.

s Rüebli

la carotte

dr chnoobli

l'ail

dr Bambus

le bambou

d Zwiblä

l'oignon

dr Pilz

le champignon

d Nüss

les noisettes

d Nudle

les pâtes

d Spaghetti

les spaghetti

dr Riis

le riz

dr Salat

la salade

d Pommfrit

les pommes frites

d Bratherdöpfel

les pommes de terre rôties

d Pizza

la pizza

dr Hamburgär

le hamburger

s Sandwich

le sandwich

s Gotlett

l'escalope

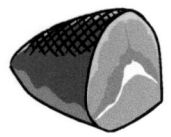

dr Schinkä

le jambon

d Salami

le salami

s Würschtli

la saucisse

s Huehn

le poulet

dr Bratä

le rôti

dr Fisch

le poisson

d Haferflocke

les flocons d'avoine

s Müesli

le muesli

d Cornflakes

les cornflakes

s Mähl

la farine

s Gipfeli

le croissant

s Brötli

les petits-pains

s Brot

le pain

dr Toscht

le pain grillé

s Guetzli

les biscuits

d Butter

le beurre

dr Quark

le fromage blanc

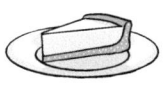

dr Chueche

le gâteau

s Ei

l'œuf

s Spiegelei

l'œuf au plat

dr Chäs

le fromage

d Glace

la glace

dr Zucker

le sucre

dr Honig

le miel

d Gonfi

la confiture

d Nougat-Creme

la crème nougat

s Curry

le curry

dr Buurehof

la ferme

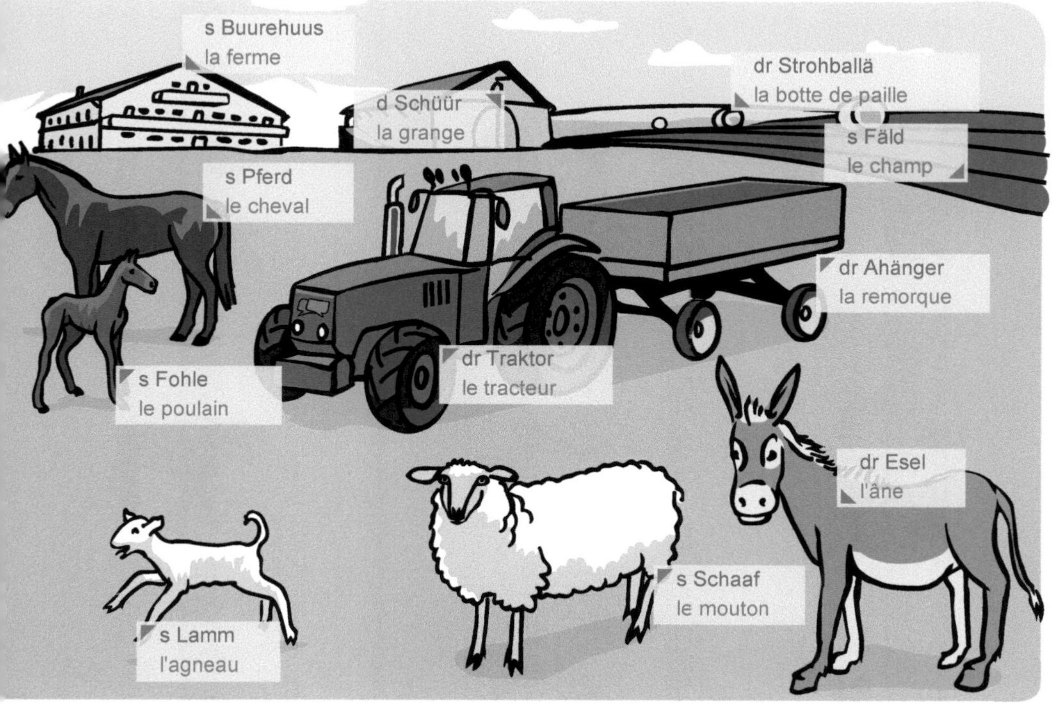
s Buurehuus
la ferme
d Schüür
la grange
dr Strohballä
la botte de paille
s Fäld
le champ
s Pferd
le cheval
dr Ahänger
la remorque
dr Traktor
le tracteur
s Fohle
le poulain
dr Esel
l'âne
s Schaaf
le mouton
s Lamm
l'agneau

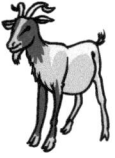

d Geiss

la chèvre

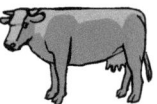

d Chueh

la vache

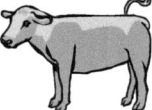

s Chalb

le veau

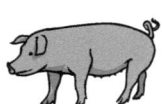

d Sau

le porc

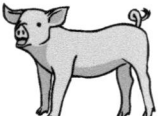

s Ferkel

le porcelet

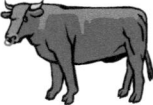

s Rind

le taureau

d Gans

l'oie

d Änte

le canard

s Küke

le poussin

s Huähn

la poule

dr Güggel

le coq

d Ratte

le rat

d Chatz

le chat

d Muus

la souris

dr Ochse

le bœuf

dr Hund

le chien

d Hundehütte

le chenil

dr Garteschluuch

le tuyau de jardin

d Giesschanne

l'arrosoir

d Sägese

la faucheuse

dr Pflueg

la charrue

d Sichel

la faucille

d Hacke

la pioche

d Heugable

la fourche

d Axt

la hache

d Garette

la brouette

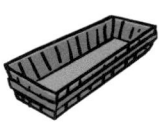

dr Trog

la cuve

d Milchchanne

le pot à lait

dr Sack

le sac

dr Haag

la clôture

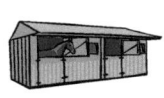

dr Gadä

l'étable

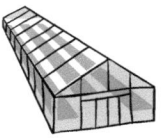

s Gwächshuus

le serre

dr Bode

le sol

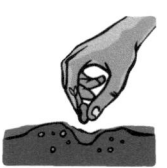

dr Soome

les semences

dr Dünger

l'engrais

dr Mähdrescher

la moissonneuse-batteuse

ärnte

récolter

d Ärnte

la récolte

d Yamswurzle

l'igname

dr Weize

le blé

s Soja

le soja

dr Härdöpfel

la pomme de terre

dr Mais

le maïs

dr Raps

le colza

dr Obstbaum

l'arbre fruitier

dr Maniok

le manioc

s Getreide

les céréales

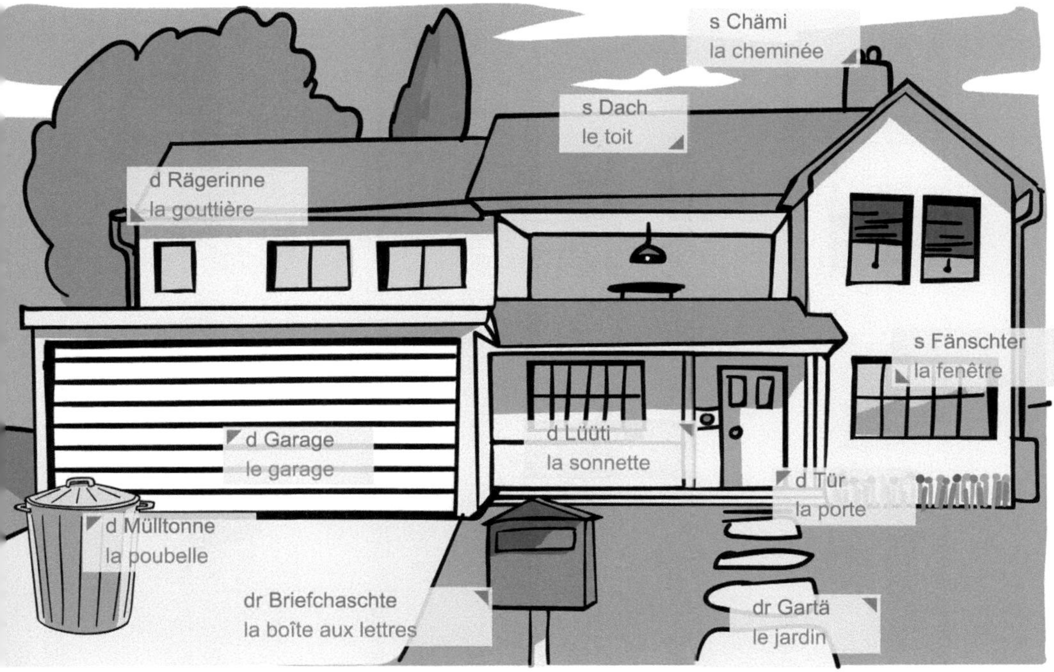

s Chämi
la cheminée

s Dach
le toit

d Rägerinne
la gouttière

s Fänschter
la fenêtre

d Garage
le garage

d Lüüti
la sonnette

d Tür
la porte

d Mülltonne
la poubelle

dr Briefchaschte
la boîte aux lettres

dr Gartä
le jardin

s Stubä

le salon

s Badzimmer

la salle de bain

d Chuchi

la cuisine

s Schlofzimmer

la chambre à coucher

s Chinderzimmer

la chambre d'enfant

s Ässzimmer

la salle à manger

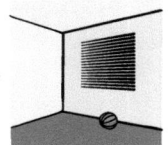

dr Bodä

le sol

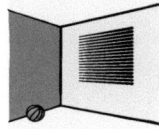

d Wand

le mur

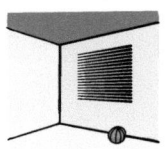

d Decki

le plafond

dr Chäller

la cave

d Sauna

le sauna

dr Balkon

le balcon

d Terasse

la terrasse

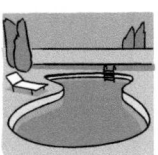

s Pool

la piscine

dr Rasemäier

la tondeuse à gazon

dr Bettbezug

la housse

d Bettdecki

la couette

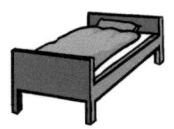

s Bett

le lit

dr Bäse

le balai

dr Chübel

le sceau

dr Schalter

l'interrupteur

s Stubä
le salon

d Tapete
le papier peint
s Bild
l'image
d Lampä
la lampe
s Regal
l'étagère
dr Schrank
l'armoire
dr Färnseh
la télé
dr Kamin
la cheminée
d Bluamä
la fleur
s Chüssi
le coussin
s Sofa
le sofa
d Vasä
le vase
d Färnbedienig
la télécommande

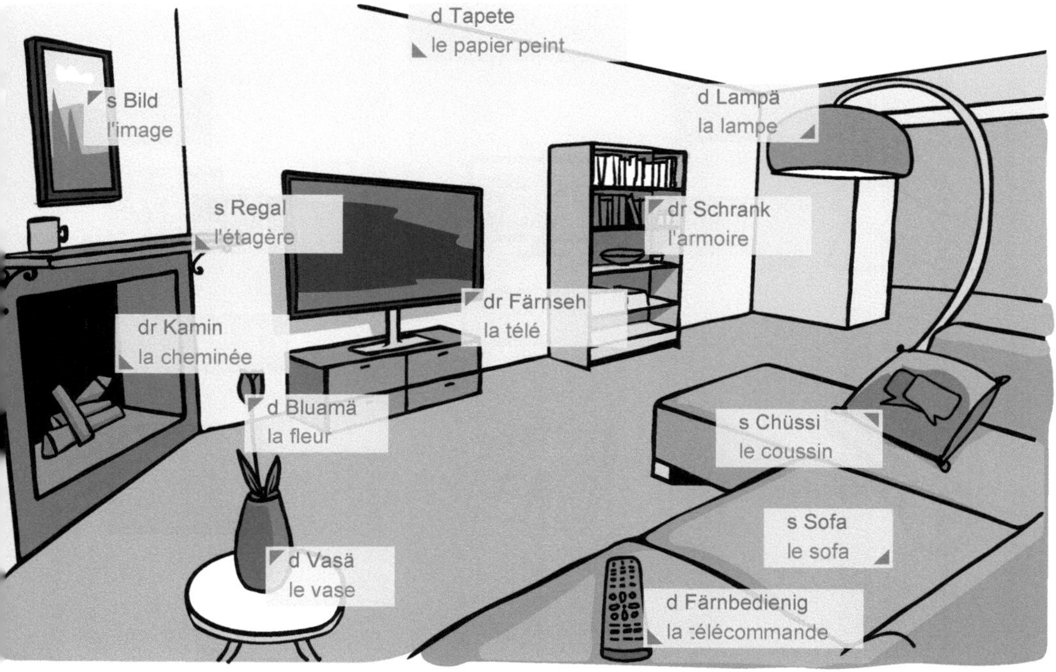

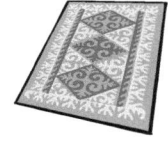

dr Teppich
le tapis

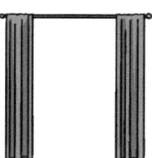

dr Vorhang
le rideau

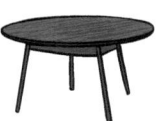

dr Tisch
la table

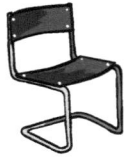

dr Stuehl
la chaise

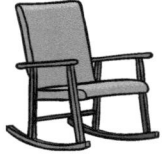

dr Schaukelstuehl
la chaise à bascule

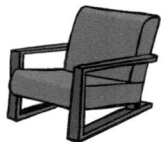

dr Sässel
le fauteuil

s Buech

le livre

d Decki

la couverture

d Dekoration

la décoration

s Füürholz

le bois de chauffage

dr Film

le film

d Stereoahlag

la chaîne hi-fi

dr Schlüssel

la clé

d Ziitig

le journal

s Bild

la peinture

s Poster

le poster

s Radio

la radio

dr Notizblock

le bloc-notes

dr Staubsuuger

l'aspirateur

dr Kaktus

le cactus

d Chärze

la bougie

d Chuchi
la cuisine

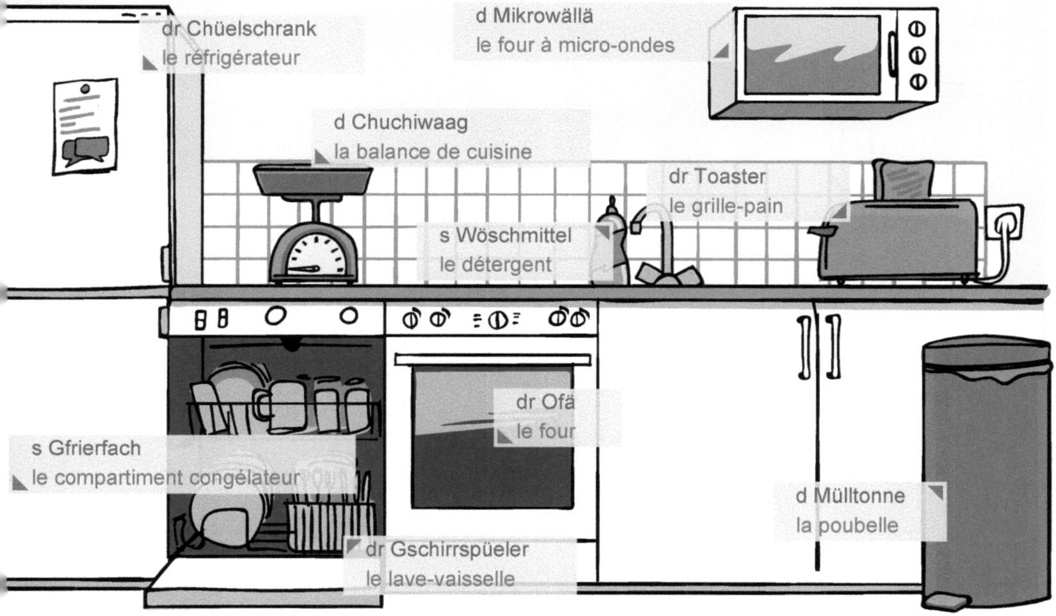
dr Chüelschrank
le réfrigérateur
d Mikrowällä
le four à micro-ondes
d Chuchiwaag
la balance de cuisine
dr Toaster
le grille-pain
s Wöschmittel
le détergent
dr Ofä
le four
s Gfrierfach
le compartiment congélateur
d Mülltonne
la poubelle
dr Gschirrspüeler
le lave-vaisselle

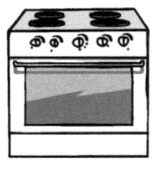

dr Härd

le four

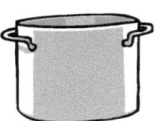

dr Topf

la casserole

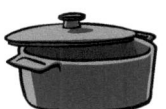

dr Iisetopf

la marmite

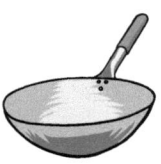

dr Wok / Kadai

le wok / kadai

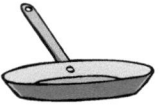

d Pfanne

la poêle

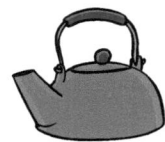

dr Wasserchocher

la bouilloire electrique

dr Dampfer

le cuiseur vapeur

s Bachbläch

la plaque de cuisson

s Gschirr

la vaisselle

dr Bächer

le gobelet

d Schale

la coupe

d Stäbli

les baguettes

d Suppechellä

la louche

dr Pfannewänder

la spatule

dr Schneebäse

le fouet

s Sieb

la passoire

s Sieb

le tamis

d Raffle

la râpe

dr Mörser

le mortier

dr Grill

le barbecue

d Füürstell

la cheminée

s Schniidbrätt

la planche à découper

s Nudelholz

le rouleau à pâtisserie

dr Korkäzieher

le tire-bouchon

d Dosä

la boîte

dr Dosäöffner

l'ouvre-boîte

dr Topflappä

les maniques

s Wöschbecki

le lavabo

d Bürste

la brosse

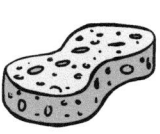

dr Schwumm

l'éponge

dr Mixer

le mixeur

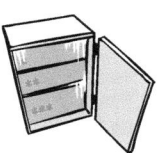

dr Gfrierschrank

le congélateur

s Babyfläschli

le biberon

dr Hahnä

le robinet

s Badzimmer

la salle de bain

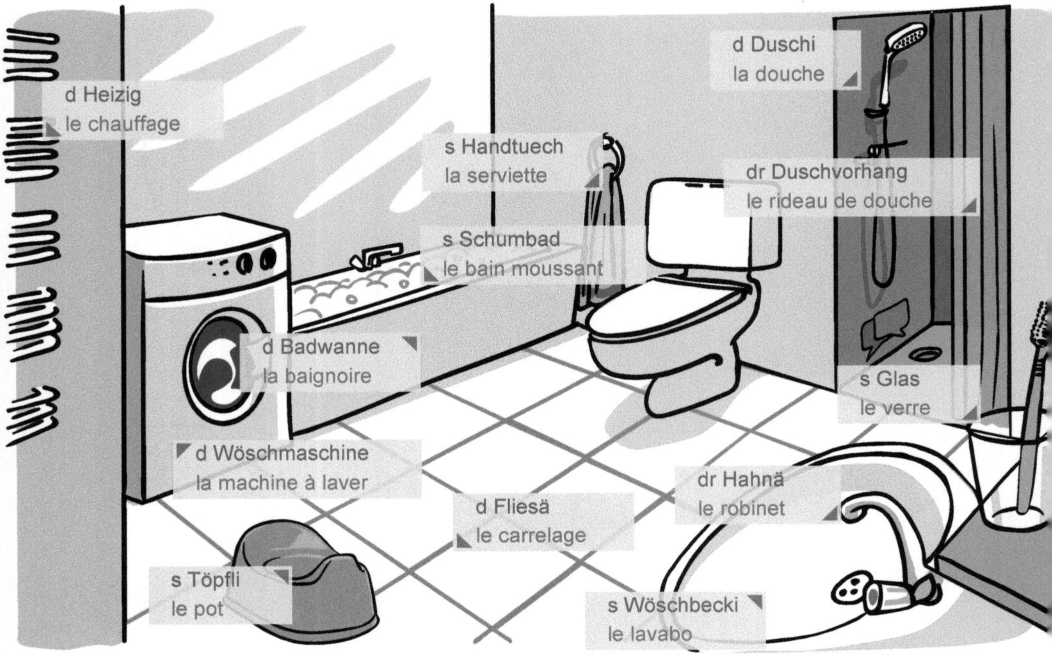

d Heizig
le chauffage
d Duschi
la douche
s Handtuech
la serviette
dr Duschvorhang
le rideau de douche
s Schumbad
le bain moussant
d Badwanne
la baignoire
s Glas
le verre
d Wöschmaschine
la machine à laver
dr Hahnä
le robinet
d Fliesä
le carrelage
s Töpfli
le pot
s Wöschbecki
le lavabo

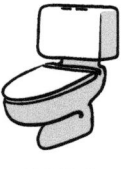

d Toilette

les toilettes

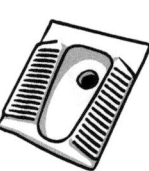

s Plumpsklo

la toilette à la turque

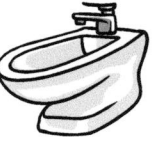

s Bidet

le bidet

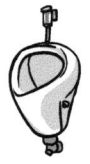

s Pissoir

l'urinoir

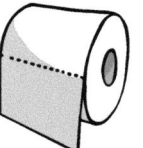

ds Toilettepapier

le papier toilette

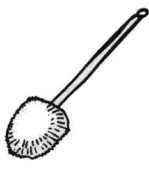

d Toilettebürschteli

la brosse à toilette

d Zahbürstä

la brosse à dents

d Zahpasta

le dentifrice

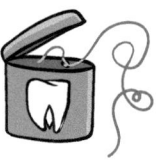

d Zahnsiide

le fil dentaire

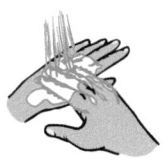

wäsche

laver

d Handduschi

la douche manuelle

d Intiimduschi

la douche intime

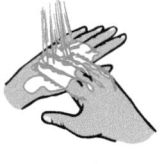

s Wöschbecki

la vasque

d Ruggäbürste

la brosse dorsale

d Seifä

le savon

s Duschgel

le gel douche

s Shampoo

le shampooing

dr Waschlappä

le gant de toilette

dr Abfluss

l'écoulement

d Creme

la crème

s Deo

le déodorant

dr Spiegel

le miroir

dr Handspiegel

le miroir cosmétique

dr Rasierer

le rasoir

dr Rasierschuum

la mousse à raser

s Aftershave

l'après-rasage

dr Schträäl

la peigne

d Bürstä

la brosse

dr Föhn

le sèche-cheveux

s Hoorspray

la laque pour cheveux

s Makeup

le fond de teint

dr Lippestift

le rouge à lèvres

dr Nagellack

le vernis à ongles

d Wattä

l'ouate

d Nagelscher

le coupe-ongles

s Parfum

le parfum

s Necessaire

la trousse de toilette

dr Schemel

le tabouret

d Waag

le pèse-personne

dr Badmantel

le peignoir

dr Gummihändscheh

les gants de nettoyage

s Tampon

le tampon

d Damebinde

les serviettes hygiéniques

d chemischi Toilette

la toilette chimique

s Chinderzimmer
la chambre d'enfant

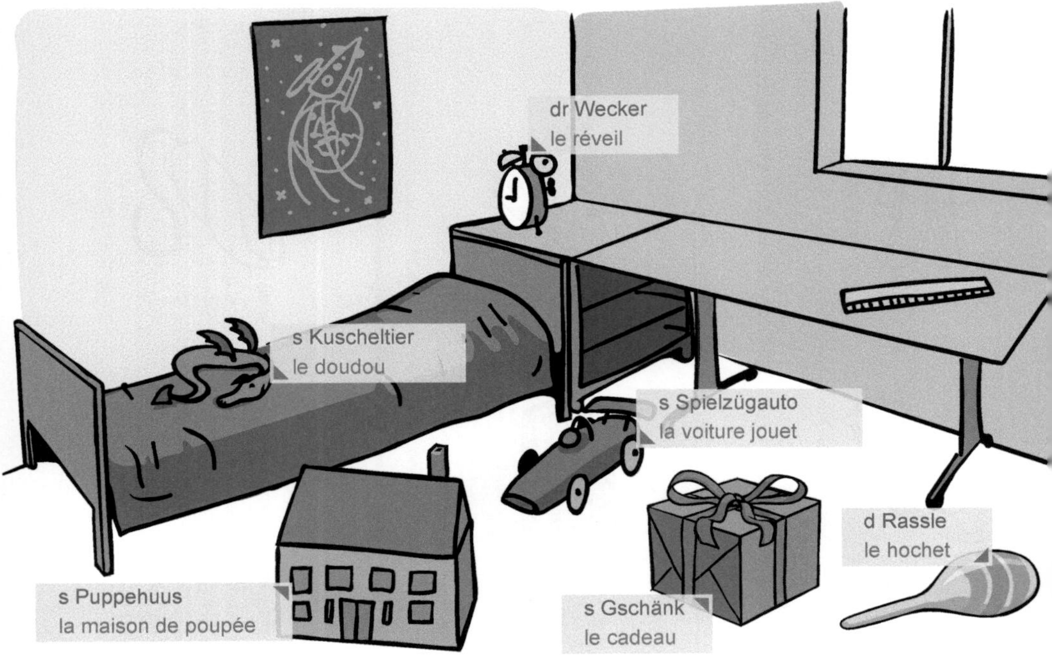

dr Wecker
le réveil
s Kuscheltier
le doudou
s Spielzügauto
la voiture jouet
d Rassle
le hochet
s Puppehuus
la maison de poupée
s Gschänk
le cadeau

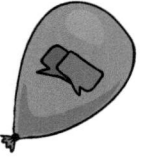

dr Ballon

le ballon

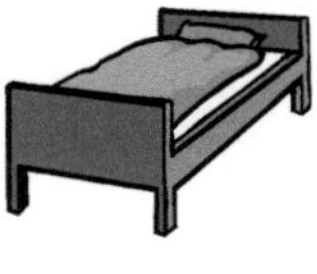

s Bett

le lit

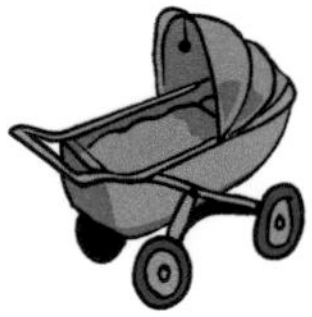

dr Chinderwage

la poussette

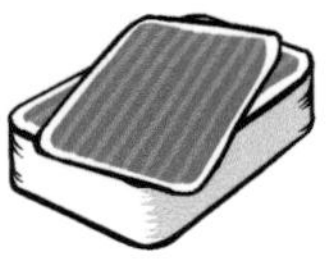

s Chartespiel

le jeu de cartes

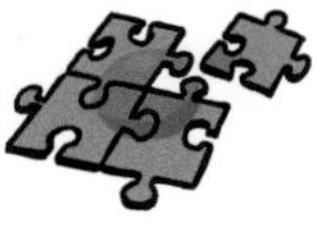

s Puzzle

le puzzle

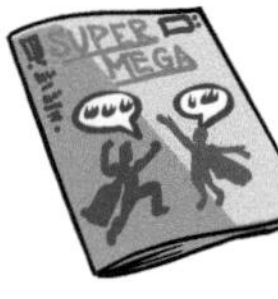

dr Comic

la bande dessinée

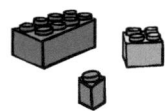

d Legos
les pièces lego

d Baustei
les blocs de construction

d Action Figur
la figurine

s Strampli
la grenouillère

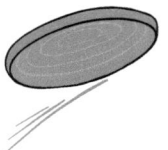

s Frisbee
le frisbee

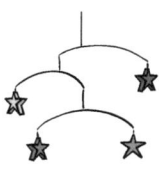

s Mobile
le mobile

s Brättspiel
le jeu de société

dr Würfäl
le dé

d Modellisebahn
le train miniature

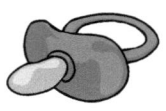

dr Nuggi
la sucette

d Party
la fête

s Bilderbuch
le livre d'images

dr Ball
la balle

d Puppä
la poupée

spiele
jouer

dr Sandchaschte

le bac à sable

d Gigampfi

la balançoire

s Spielzüg

les jouets

d Videospielkonsole

la console de jeu

s Dreirad

le tricycle

dr Teddy

l'ours en peluche

dr Chleiderschrank

l'armoire

d Chleidig

les vêtements

d Sockä

les chaussettes

d Strümpf

les bas

d Strumpfhosä

le collant

dr Schal
l'écharpe

dr Gürtel
la ceinture

dr Rägeschirm
le parapluie

s T-Shirt
le t-shirt

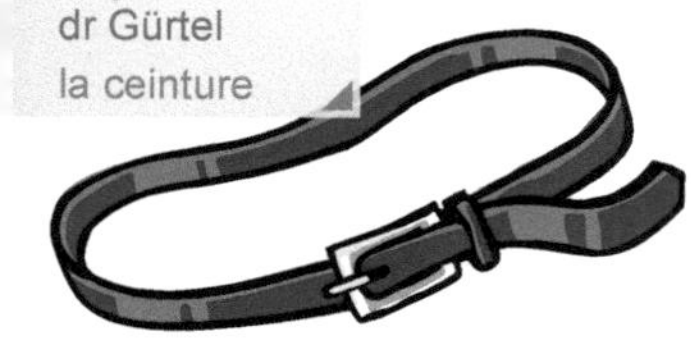

dr Turnschueh
les baskets

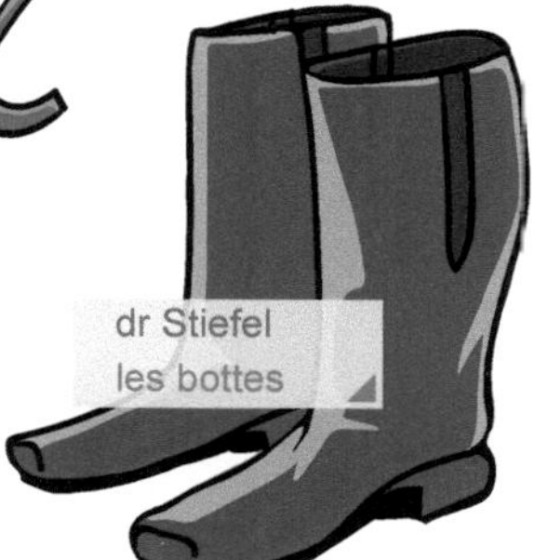

dr Stiefel
les bottes

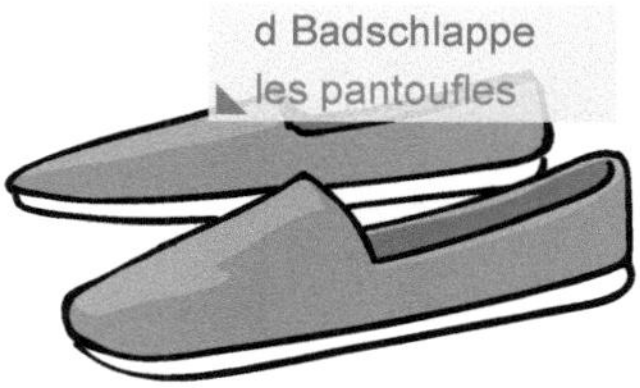

d Badschlappe
les pantoufles

d Sandalä
....
les sandales

d Schueh
....
les chaussures

d Gummistiefel
....
les bottes de caoutchouc

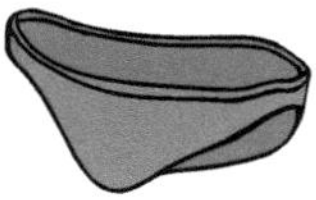

d Untrhosä
....
les sous-vêtements

dr BH
....
le soutien-gorge

s Underlibli
....
le maillot de corps

dr Body

le body

d Hosä

le pantalon

d Jeans

le jean

dr Rock

la jupe

d Bluse

le chemisier

s Hömli

la chemise

dr Pulli

le pull

dr Kapuzepulli

le sweat à capuche

dr Blazer

la veste

d Jacke

la veste

dr Mantel

le manteau

dr Rägämantel

l'imperméable

s Chostüm

le costume

s Chleid

la robe

s Hochziitskleid

la robe de mariée

dr Ahzug

le costume

s Nachthömli

la chemise de nuit

s Pyjama

le pyjama

dr Sari

le sari

s Chopftuäch

le foulard

dr Turban

le turban

d Burka

la burqa

dr Kaftan

le caftan

d Abaya

l'abaya

s Badchleid

le maillot de bain

d Badhose

le maillot de bain

d churzi Hosä

le short

dr Trainer

la tenue d'entraînement

d Schürze

le tablier

d Händsche

les gants

dr Chnopf

le bouton

d Brüllä

les lunettes

s Armband

le bracelet

d Chetti

le collier

dr Ring

la bague

dr Ohrering

la boucle d'oreille

d Chappe

le bonnet

dr Chleiderbügel

le cintre

dr Huet

le chapeau

d Grawattä

la cravate

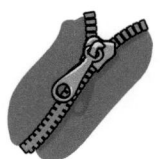

dr Riissverschluss

la fermeture éclair

dr Helm

le casque

dr Hosäträger

les bretelles

d Schueluniform

l'uniforme scolaire

d Uniform

l'uniforme

s Lätzli
le bavoir

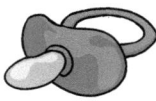

dr Nuggi
la sucette

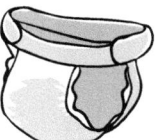

d Windle
la lange

s Büro
le bureau

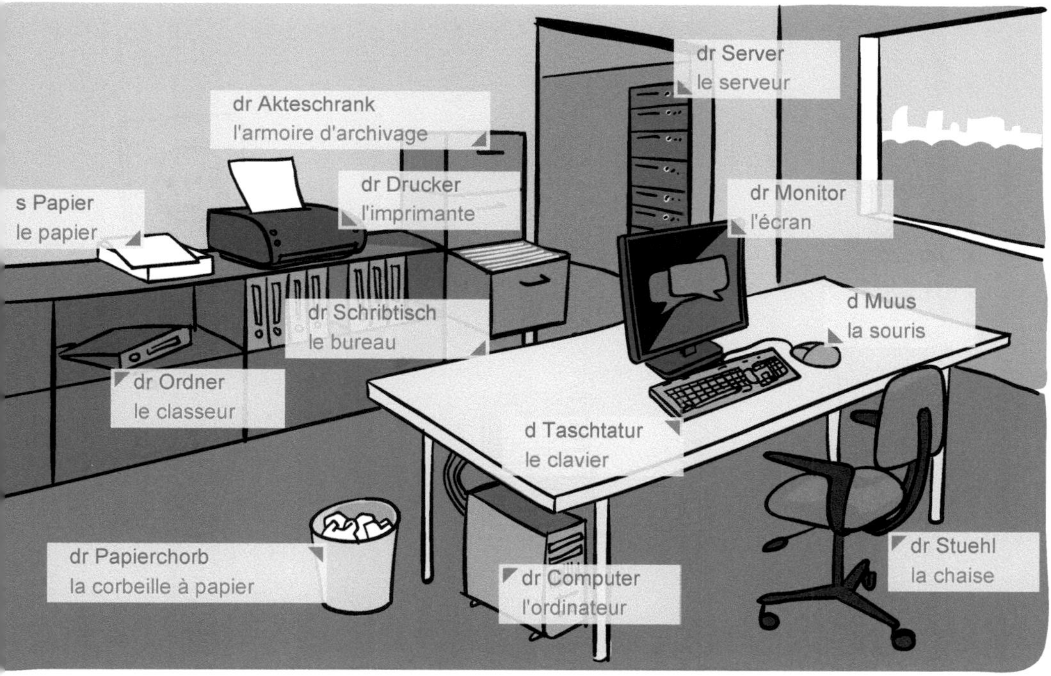

dr Server
le serveur

dr Akteschrank
l'armoire d'archivage

dr Drucker
l'imprimante

dr Monitor
l'écran

s Papier
le papier

dr Schribtisch
le bureau

d Muus
la souris

dr Ordner
le classeur

d Taschtatur
le clavier

dr Papierchorb
la corbeille à papier

dr Stuehl
la chaise

dr Computer
l'ordinateur

dr Kafibächer
la tasse de café

dr Tascherächner
la calculatrice

s Internet
l'internet

dr Laptop

l'ordinateur portable

dr Brief

la lettre

d Nochricht

le message

s Mobiltelefon

le portable

s Netzwärk

le réseau

dr Kopierer

la photocopieuse

d Software

le logiciel

s Telefon

le téléphone

d Steckdosä

la prise

s Fax

le fax

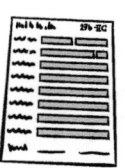

s Formular

le formulaire

s Dokumänt

le document

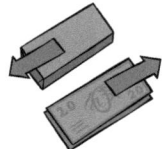

chaufe

acheter

zahle

payer

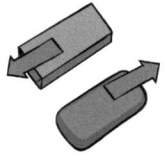

handle

faire du commerce

s Gäld

la monnaie

dr Dollar

le dollar

dr Euro

l'euro

dr Yen

le yen

dr Rubel

le rouble

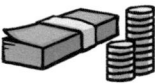

dr Frankä

le franc suisse

dr Renminbi Yuan

le renminbi yuan

d Rupie

la roupie

dr Gäldautomat

le distributeur automatique

d Wächselstube

le bureau de change

s Gold

l'or

s Silber

l'argent

s Öl

le pétrole

d Energie

l'énergie

dr Preis

le prix

dr Vertrag

le contrat

d Stüür

la taxe

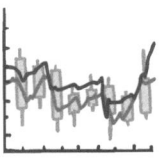

d Aktie

l'action

schaffe

travailler

dr Mitarbeiter

l'employé

dr Arbeitgeber

l'employeur

d Fabrik

l'usine

s Gschäft

le magasin

d Brüef
les professions

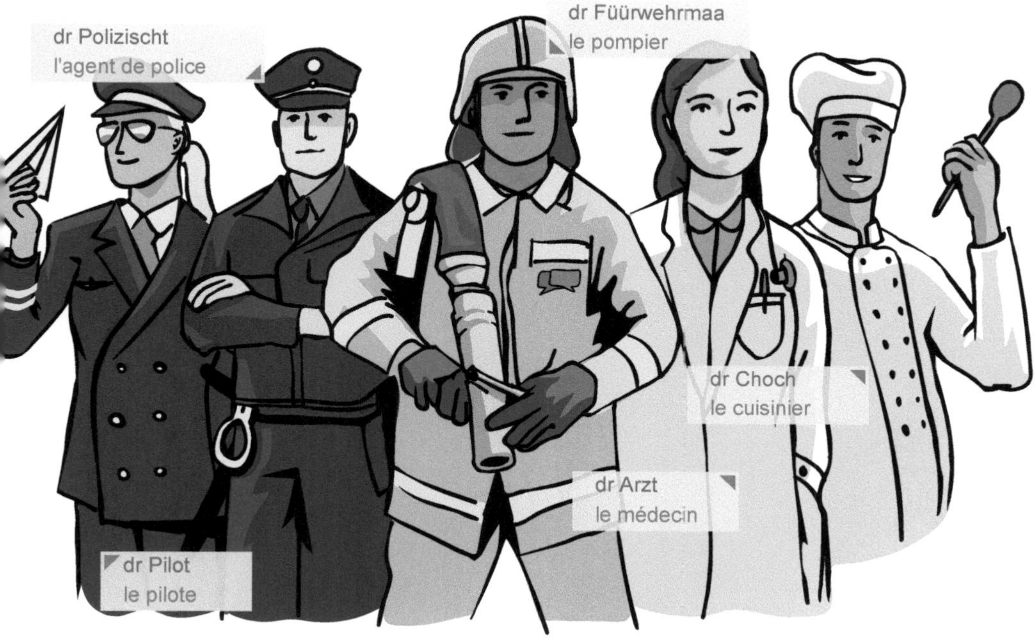

dr Polizischt
l'agent de police
dr Füürwehrmaa
le pompier
dr Choch
le cuisinier
dr Arzt
le médecin
dr Pilot
le pilote

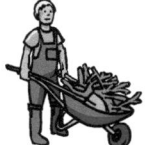

dr Gärtner

le jardinier

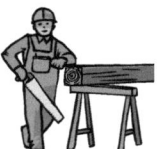

dr Zimmermah

le menuisier

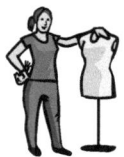

d Näheri

la couturière

dr Richter

le juge

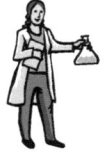

dr Chemiker

le chimiste

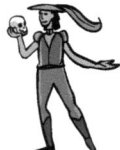

dr Darsteller

l'acteur

dr Busfahrer

le conducteur de bus

dr Taxifahrer

le chauffeur de taxi

dr Fischer

le pêcheur

d Putzfrau

la femme de ménage

dr Dachdecker

le couvreur

dr Chällner

le serveur

dr Jäger

le chasseur

dr Moler

le peintre

dr Bäcker

le boulanger

dr Elektriker

l'électricien

dr Bauarbeiter

l'ouvrier

dr Ingenieur

l'ingénieur

dr Schlachter

le boucher

dr Klämpner

le plombier

dr Pöschtler

le facteur

dr Soldat

le soldat

dr Architekt

l'architecte

dr Kassierer

le caissier

dr Florischt

le fleuriste

dr Frisör

le coiffeur

dr Kontrolleur

le contrôleur

dr Mechaniker

le mécanicien

dr Kapitän

le capitaine

dr Zahnarzt

le dentiste

dr Wüsseschaftler

le scientifique

dr Rabbi

le rabbin

dr Imam

l'imam

dr Mönch

le moine

dr Pfarrer

le prêtre

d Werkzüüg
les outils

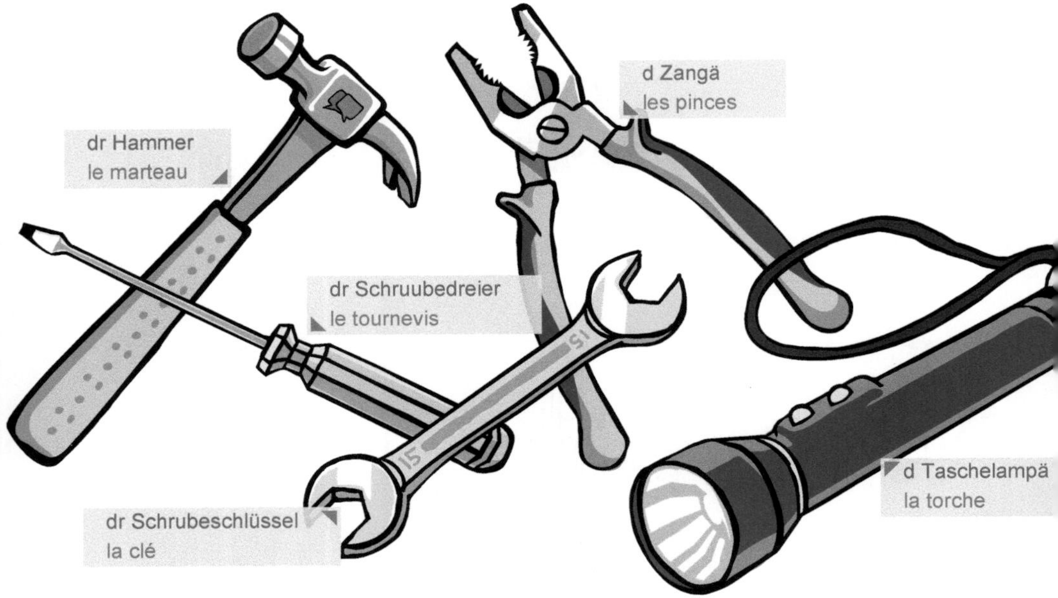
dr Hammer
le marteau
d Zangä
les pinces
dr Schruubedreier
le tournevis
dr Schrubeschlüssel
la clé
d Taschelampä
la torche

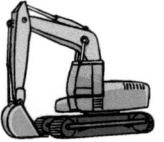

dr Bagger

la pelleteuse

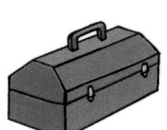

dr Werkzüügchaschte

la boîte à outils

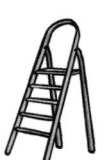

d Leitere

l'échelle

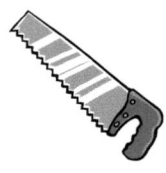

d Sagi

la scie

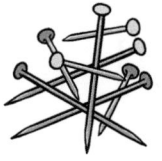

d Negel

les clous

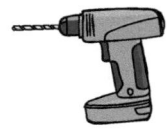

dr Bohrer

la perceuse

flicke

réparer

d Schufle

la pelle

Mischt!

Mince !

d Ascheschufle

la pelle

dr Farbchübel

le pot de peinture

d Schruube

les vis

d Musiginstrumänt
les instruments de musique

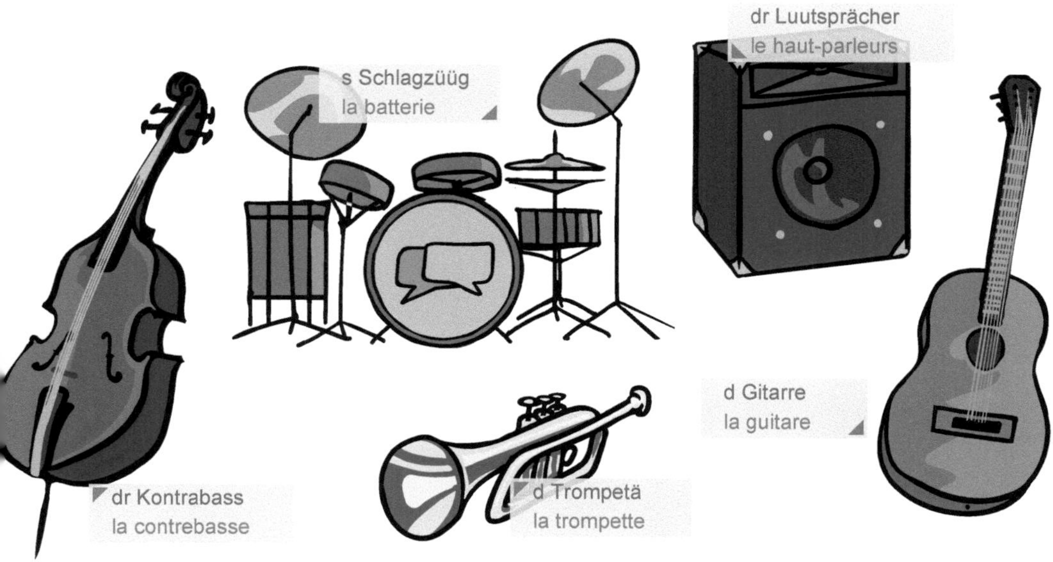

s Schlagzüüg
la batterie

dr Luutsprächer
le haut-parleurs

d Gitarre
la guitare

dr Kontrabass
la contrebasse

d Trompetä
la trompette

s Klavier

le piano

d Violine

le violon

dr Bass

la basse

d Pauke

les timbales

d Trummle

le tambour

s Keyboard

le piano électrique

s Saxophon

le saxophone

d Flöte

la flûte

s Mikrofon

le microphone

d Musiginstrumänt - les instruments de musique

dr Zolli
le zoo

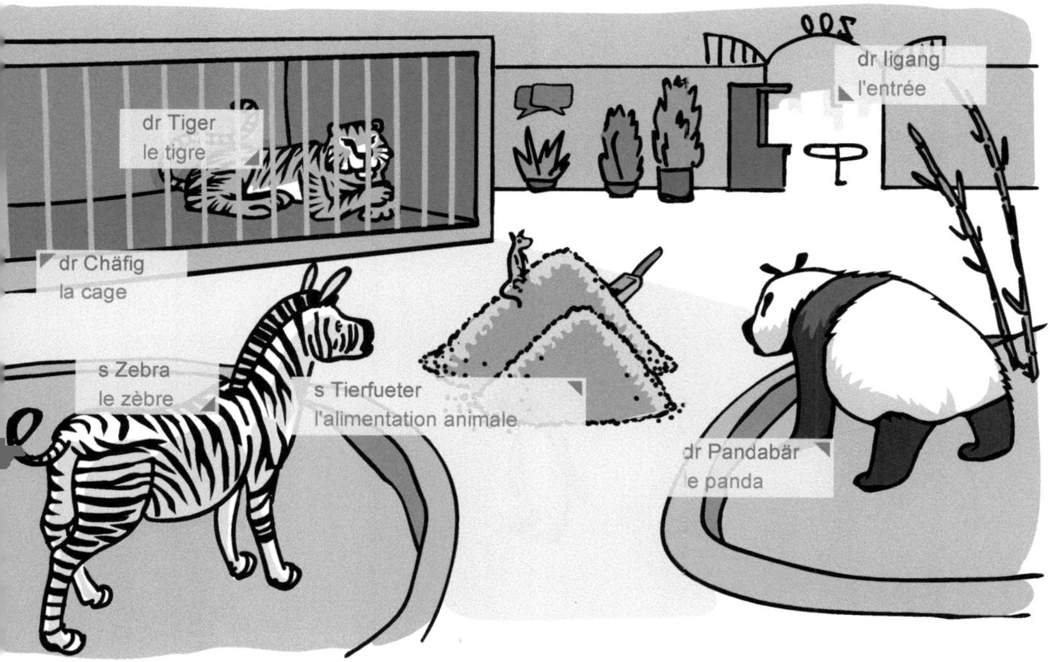

dr Iigang
l'entrée
dr Tiger
le tigre
dr Chäfig
la cage
s Zebra
le zèbre
s Tierfueter
l'alimentation animale
dr Pandabär
le panda

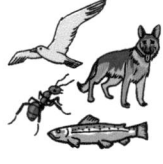

d Tier

les animaux

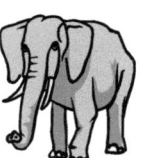

dr Elefant

l'éléphant

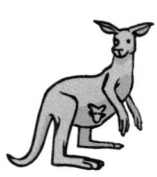

s Känguru

le kangourou

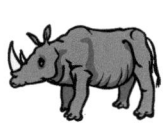

s Nashorn

le rhinocéros

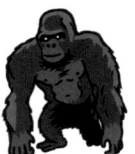

dr Gorilla

le gorille

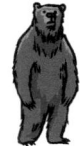

dr Bär

l'ours

s Kamel

le chameau

dr Struss

l'autruche

dr Leu

le lion

dr Aff

le singe

dr Flamingo

le flamand rose

dr Papagei

le perroquet

dr Iisbär

l'ours polaire

dr Pinguin

le pingouin

dr Hai

le requin

dr Pfau

le paon

d Schlangä

le serpent

s Krokodil

le crocodile

dr Zoowärter

le gardien de zoo

d Robbä

le phoque

dr Jaguar

le jaguar

s Pony

le poney

dr Leopard

le léopard

s Nilpfärd

l'hippopotame

d Giraff

la girafe

dr Adler

l'aigle

s Wildschwein

le sanglier

dr Fisch

le poisson

d Schildkrot

la tortue

s Walross

le morse

dr Fuchs

le renard

d Gazelle

la gazelle

s American Football
l'american Football

s Velofahre
le cyclisme

s Tennis
le tennis

dr Basketball
le basket-ball

s Schwümmä
la natation

s Boxä
la boxe

s Iishockey
le hockey sur glace

dr Fuessball
le football

s Badminton
le badminton

d Liechtathletik
l'athlétisme

dr Handball
le handball

s Skifahre
le ski

s Polo
le polo

d Aktivitäte
les activités

springä
sauter
umarme
embrasser
lachä
rire
gah
marcher
singe
chanter
troime
rêver
bätte
prier
küssä
faire la bise

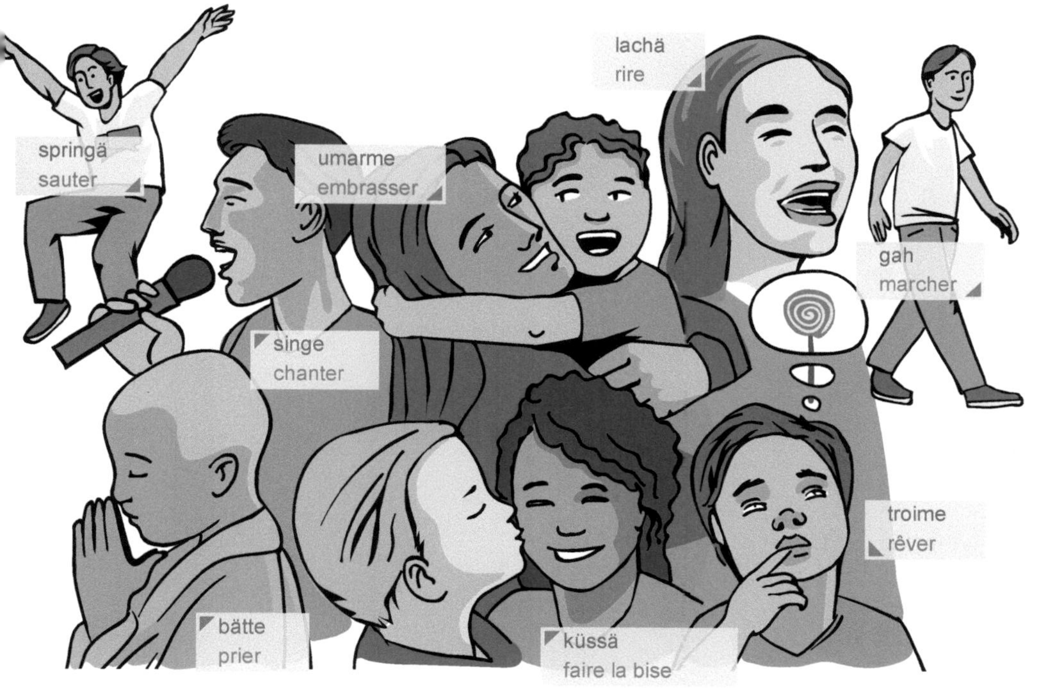

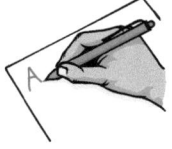

schribe

écrire

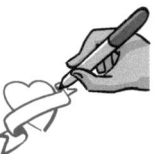

zeichne

dessiner

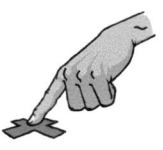

zeige

montrer

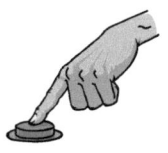

schiebe

pousser

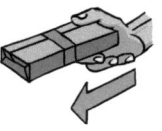

gäh

donner

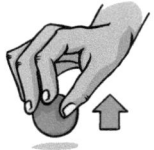

näh

prendre

händ
avoir

mache
faire

sy
être

stah
être debout

laufe
courir

zieh
trier

rüerä
jeter

fallä
tomber

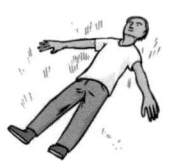

ligge
être couché

warte
attendre

träge
porter

sitze
être assis

ahzieh
s'habiller

schlafe
dormir

ufwache
se réveiller

ahluege

regarder

brüele

pleurer

striichle

caresser

bürste

peigner

redä

parler

verschtah

comprendre

froog

demander

lose

écouter

trinke

boire

ässe

manger

ufruume

ranger

liebe

aimer

chochä

cuire

fahre

conduire

flüge

voler

segle

faire de la voile

rächne

calculer

läse

lire

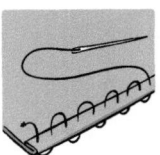

leerä

apprendre

schaffe

travailler

hürate

se marier

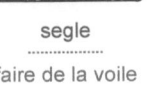

näije

coudre

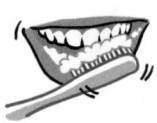

Zäh putze

brosser les dents

töte

tuer

schlootä

fumer

sände

envoyer

d Familiä
la famille

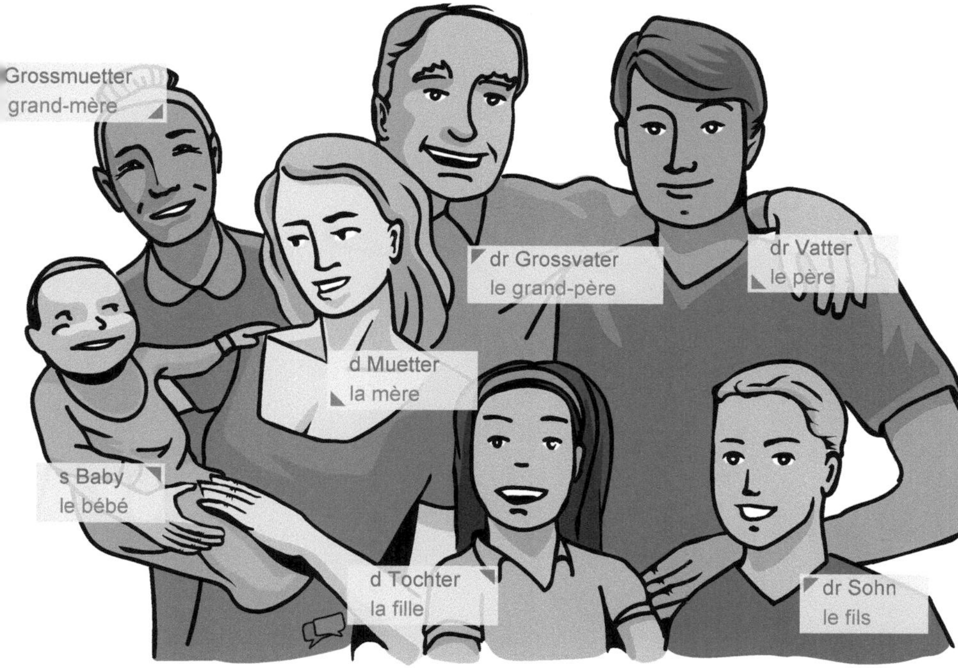

Grossmuetter
grand-mère
dr Grossvater
le grand-père
dr Vatter
le père
d Muetter
la mère
s Baby
le bébé
d Tochter
la fille
dr Sohn
le fils

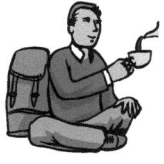

dr Gast

l'hôte

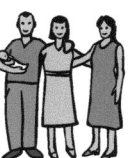

d Tante

la tante

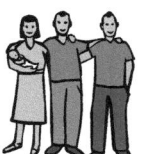

dr Unkel

l'oncle

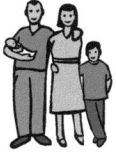

dr Brüeder

le frère

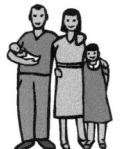

d Schwöschter

la sœur

dr Körpär

le corps

d Stirn
le front
ds Aug
l'œil
d Schultere
l'épaule
dr Fingär
le doigt
s Gsicht
le visage
s Chüni
le menton
d Hand
la main
s Bei
la jambe
d Bruscht
la poitrine
dr Arm
le bras

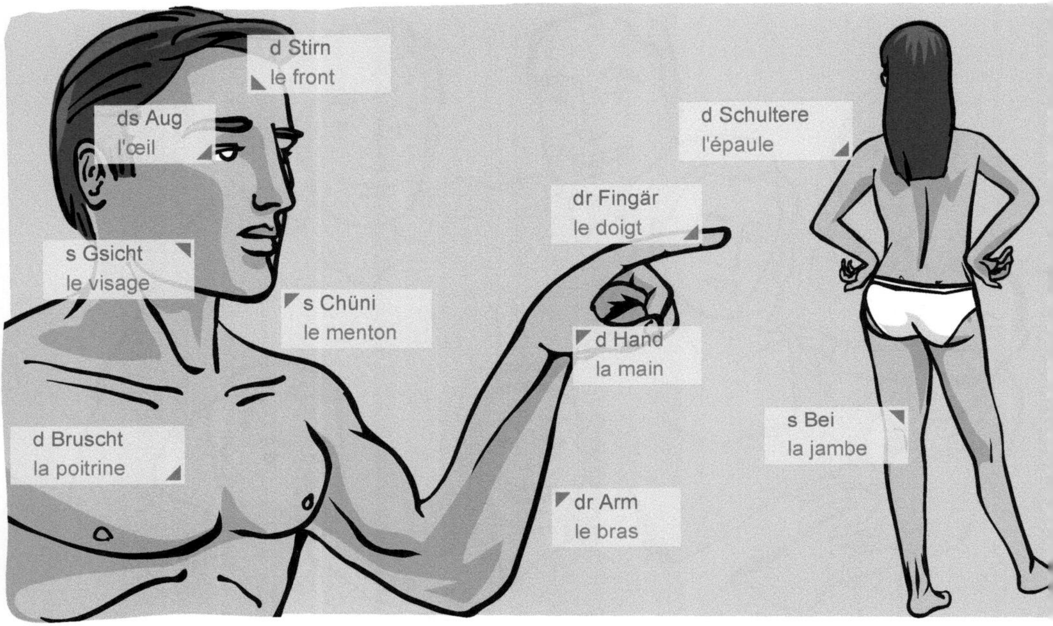

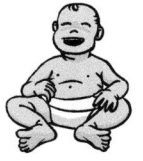

s Baby

le bébé

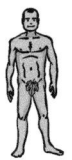

dr Mah

l'homme

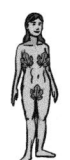

d Frau

la femme

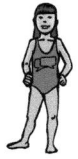

s Meitli

la fille

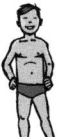

dr Bueb

le garçon

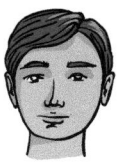

dr Chopf

la tête

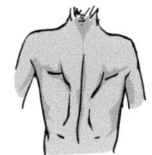

dr Ruggä

le dos

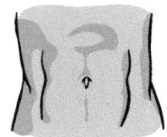

dr Buuch

le ventre

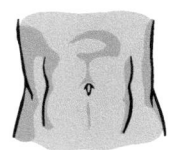

dr Buchnabel

le nombril

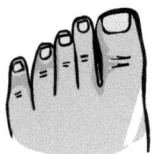

dr Zäche

l'orteil

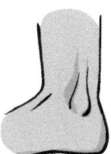

d Fersä

le talon

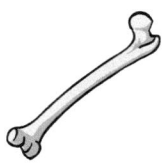

d Knoche

l'os

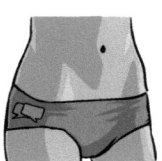

d Hüfte

la hanche

s Chnü

le genou

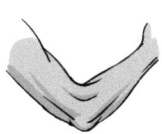

dr Ellbogä

le coude

d Nase

le nez

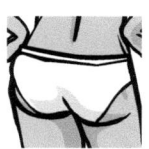

s Füdli

les fesses

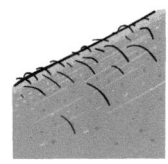

d Hut

la peau

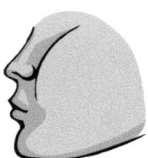

d Bagge

la joue

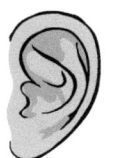

s Ohr

l'oreille

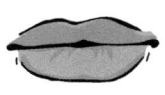

d Lippe

la lèvre

s Muul

la bouche

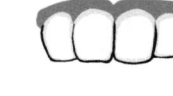

dr Zah

la dent

d Zungä

la langue

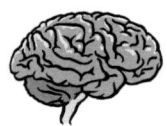

s Hirni

le cerveau

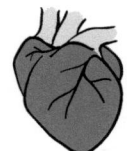

s Härz

le cœur

dr Muskel

le muscle

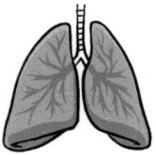

d Lungä

les poumons

d Läberä

le foie

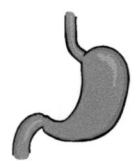

dr Magen

l'estomac

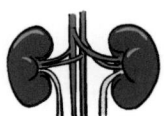

d Nierä

les reins

dr Gschlächtsvrkehr

le rapport sexuel

s Kondom

le préservatif

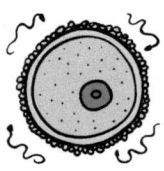

d Eizälle

l'ovule

dr Soome

le sperme

d Schwangerschaft

la grossesse

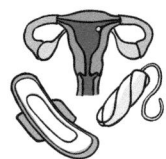

d Menstruation

la menstruation

d Vagina

le vagin

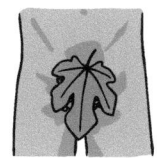

dr Penis

le pénis

d Augebrauä

le sourcil

s Haar

les cheveux

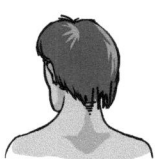

dr Hals

le cou

s Spital
l'hôpital

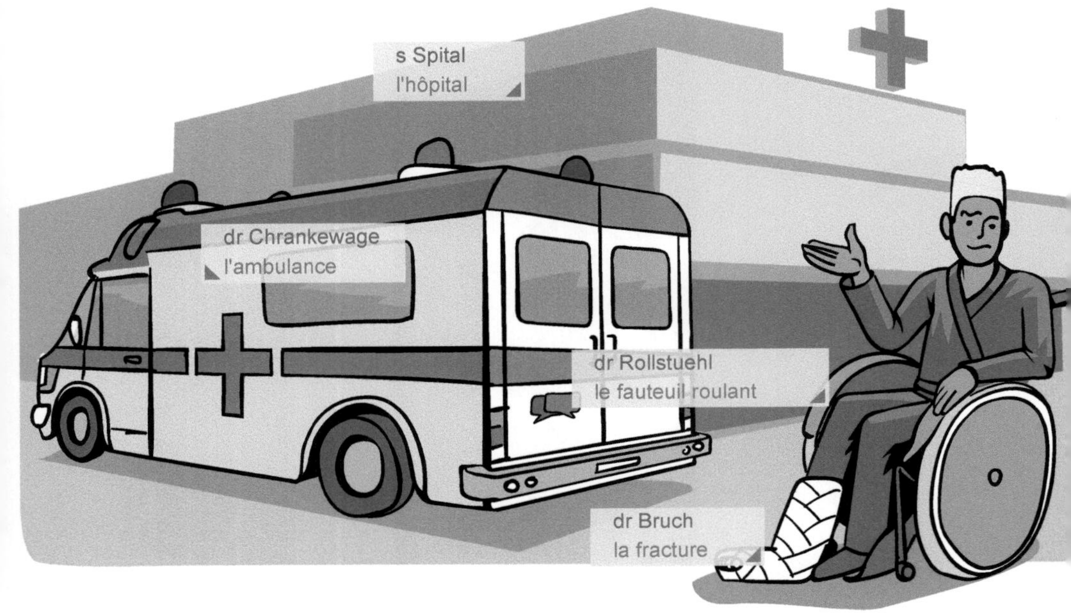

s Spital
l'hôpital
dr Chrankewage
l'ambulance
dr Rollstuehl
le fauteuil roulant
dr Bruch
la fracture

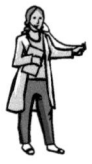

dr Arzt

le médecin

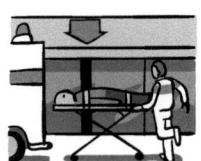

d Notufnahm

le service des urgences

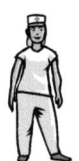

d Chrankeschwöschter

l'infirmière

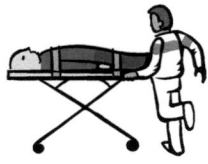

dr Notfall

l'urgence

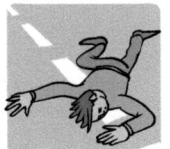

ohnmächtig

inconscient

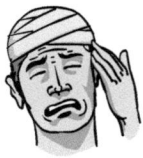

dr Schmärz

la douleur

d Verletzig

la blessure

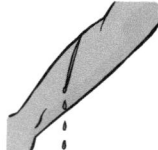

d Bluätig

l'hémorragie

dr Härzinfarkt

la crise cardiaque

dr Schlagahfall

l'attaque cérébrale

d Allergie

l'allergie

dr Hueschtä

la toux

s Fieber

la fièvre

d Grippe

la grippe

dr Durchfall

la diarrhée

d Kopfschmärze

le mal de tête

dr Kräbs

le cancer

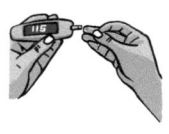

dr Diabetes

le diabète

d Operation

dr Chirurg

le chirurgien

s Skalpell

le scalpel

d Operation

l'opération

s CT
le CT

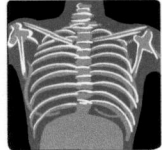

s Röntgä
la radiographie

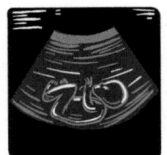

s Ultraschall
l'échographie

d Gsichtsmaske
le masque

d Krankhet
la maladie

s Wartezimmer
la salle d'attente

d Krückä
la béquille

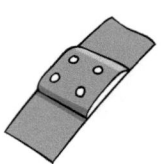

s Pflaster
le pansement

dr Vrband
le pansement

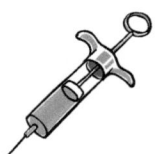

d Injektion
l'injection

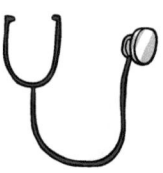

s Stethoskop
le stéthoscope

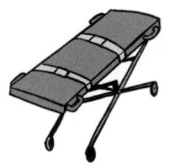

d Trage
le brancard

s Thermometer
le thermomètre

d Geburt
l'accouchement

s Übergwicht
la surcharge pondérale

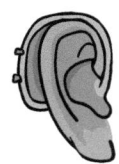

s Hörgrät

l'appareil auditif

s Desinfektionsmittel

le désinfectant

d Infektion

l'infection

s Virus

le virus

s HIV / AIDS

le VIH / le sida

d Medizin

le médicament

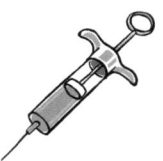

d Impfig

la vaccination

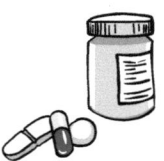

d Tablette

les comprimés

d Pille

la pilule

dr Notruef

l'appel d'urgence

s Bluetdruck-Mässgrät

le tensiomètre

chrank / gsund

malade / sain

Hiufe!

Au secours !

dr Alarm

l'alarme

dr Überfall

l'assaut

dr Ahgriff

l'attaque

d Gfohr

le danger

dr Notuusgang

la sortie de secours

Füür!

Au feu!

dr Füürlöscher

l'extincteur

dr Unfall

l'accident

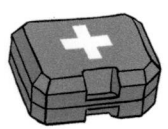

dr Ersti-Hilf-Koffer

la trousse de premier
secours

SOS

SOS

d Polizei

la police

s Europa

l'Europe

s Nordamerika

l'Amérique du Nord

s Südamerika

l'Amérique du Sud

s Afrika

l'Afrique

s Asie

l'Asie

s Auschtralie

l'Australie

dr Atlantik

l'Océan atlantique

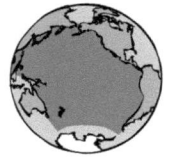

dr Pazifik

l'Océan pacifique

dr Indische Ozean

l'Océan indien

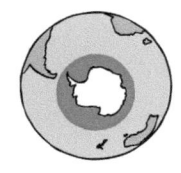

dr Antarktische Ozean

l'Océan antarctique

dr Arktische Ozean

l'Océan arctique

dr Nordpol

le Pôle nord

dr Südpol

le Pôle sud

d Antarktis

l'Antarctique

d Ärde

la terre

s Land

le pays

s Meer

la mer

d Inslä

l'île

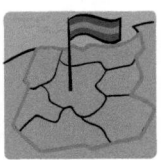

d Nation

la nation

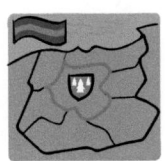

dr Staat

l'état

s Ziffereblatt

le cadran

dr Stundezeiger

l'aiguille des heures

dr Minutezeiger

l'aiguille des minutes

dr Sekundezeiger

l'aiguille des secondes

Wie spaht isch es?

Quelle heure est-il ?

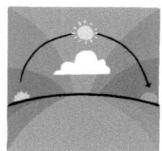

dr Tag

le jour

d Zit

le temps

jetzt

maintenant

d Digitaluhr

la montre digitale

d Minute

la minute

d Stunde

l'heure

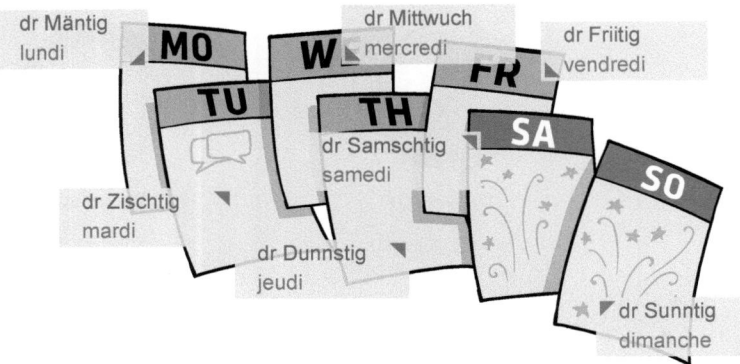

dr Mäntig — lundi
dr Mittwuch — mercredi
dr Friitig — vendredi
dr Zischtig — mardi
dr Samschtig — samedi
dr Dunnstig — jeudi
dr Sunntig — dimanche

geschter

hier

hüt

aujourd'hui

morn

demain

dr Morgä

le matin

dr Mittag

le midi

dr Aabig

le soir

d Wärktag

les jours ouvrables

s Wuchenänd

le week-end

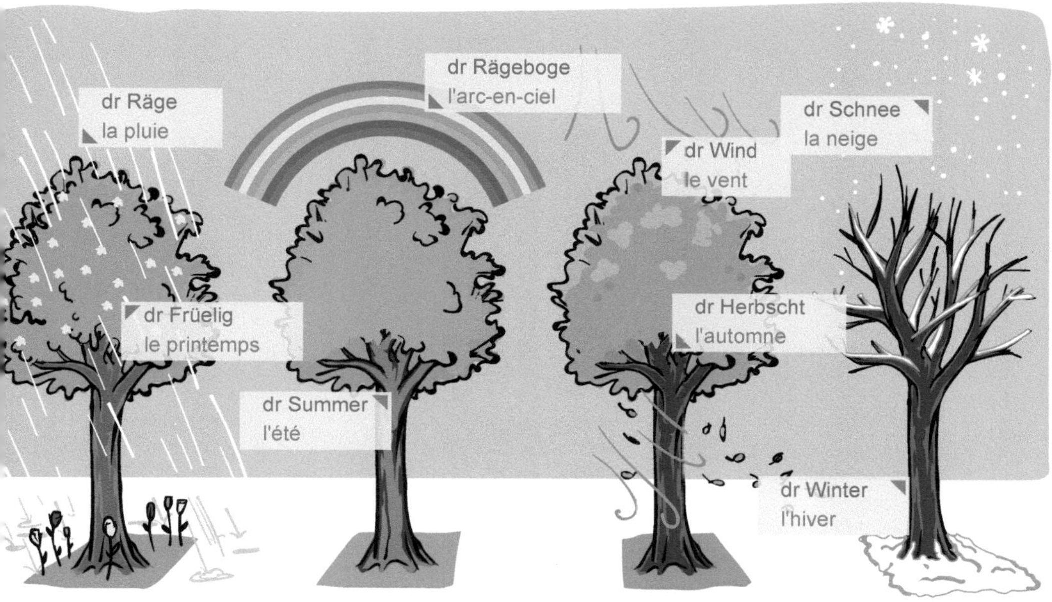

dr Räge
la pluie
dr Rägeboge
l'arc-en-ciel
dr Schnee
la neige
dr Wind
le vent
dr Früelig
le printemps
dr Herbscht
l'automne
dr Summer
l'été
dr Winter
l'hiver

4.APRIL 11°
5.APRIL 4°
6.APRIL 13°
7.APRIL 8°
8.APRIL 10°

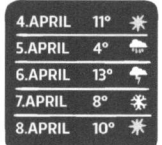

d Wättervorhärsag

la météo

F C
120 40
90 30
60 20
30 10
0 0
-30 -10
-20

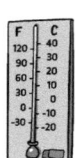

s Thermometer

le thermomètre

dr Sunneschiin

la lumière du soleil

d Wolkä

le nuage

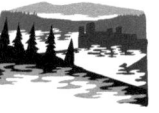

d Näbel

le brouillard

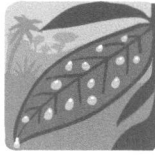

d Fiechtigkeit

l'humidité

dr Blitz

la foudre

dr Dunner

la tonnerre

dr Sturm

la tempête

d Hagel

la grêle

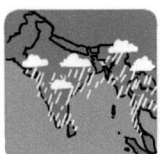

dr Monsun

la mousson

d Fluet

l'inondation

s lis

la glace

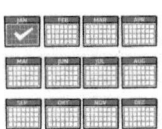

dr Januar

janvier

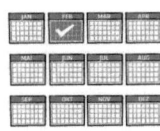

dr Februar

février

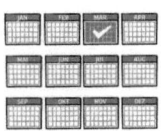

dr März

mars

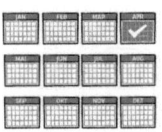

dr April

avril

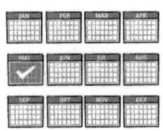

dr Mai

mai

dr Juni

juin

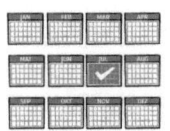

dr Juli

juillet

dr Auguscht

août

dr Septämber
....
septembre

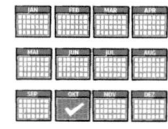

dr Oktober
....
octobre

dr Novämber
....
novembre

dr Dezämber
....
décembre

d Forme
les formes

dr Kreis
....
le cercle

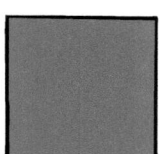

s Quadrat
....
le carré

s Rächteck
....
le rectangle

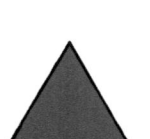

s Dreieck
....
le triangle

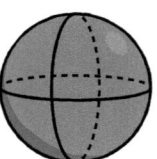

d Chugele
....
la sphère

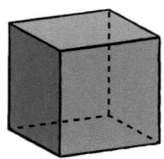

dr Würfel
....
le cube

wiss
....
blanc

gäl
....
jaune

orange
....
orange

pink
....
rose

rot
....
rouge

liila
....
violet

blau
....
bleu

grüen
....
vert

bruun
....
marron

grau
....
gris

schwarz
....
noir

viel / wenig

beaucoup / peu

hässig / ruhig

fâché / calme

hübsch / hässlich

joli / laid

dr Ahfang / s Ändi

le début / la fin

gross / chli

grand / petit

hell / dunkel

clair / obscure

r Brüeder / d Schwöschter

frère / soeur

suuber / dräckig

propre / sale

vollständig / unvollständig

complet / incomplet

dr Tag / d Nacht

le jour / la nuit

tot / läbig

mort / vivant

breit / schmal

large / étroit

ässbar / nid ässbar

comestible / incomestible

bös / fründlich

méchant / gentil

uffreggt / glangwilt

excité / ennuyé

dick / dünn

gros / mince

zerscht / zletscht

le premier / le dernier

dr Fründ / dr Find

l'ami / l'ennemi

voll / läär

plein / vide

hart / weich

dur / souple

schwer / liecht

lourd / léger

dr Hunger / dr Durscht

faim / soif

chrank / gsund

malade / sain

illegal / legal

illégal / légal

intelligänt / gatz

intelligent / stupide

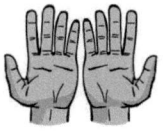

links / rächts

gauche / droite

nöch / wiit weg

proche / loin

neu / bruucht
....
nouveau / usé

nüt / öpis
....
rien / quelque chose

alt / jung
....
vieux / jeune

ah / uss
....
marche / arrêt

offe / zue
....
ouvert / fermé

lislig / luut
....
faible / fort

riich / arm
....
riche / pauvre

richtig / falsch
....
correct / incorrect

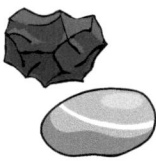

rau / glatt
....
rugueux / lisse

truurig / glücklich
....
triste / heureux

churz / lang
....
court / long

langsam / schnäll
....
lent / rapide

nass / trochä
....
mouillé / sec

warm / chalt
....
chaud / froid

dr Chrieg / dr Friede
....
la guerre / la paix

0

Null

zéro

1

eis

un / une

2

zwei

deux

3

drü

trois

4

vier

quatre

5

foif

cinq

6

sächs

six

7

sibe

sept

8

acht

huit

9

nün

neuf

10

zäh

dix

11

elf

onze

12

zwölf

douze

13

drizäh

treize

14

vierzäh

quatorze

15

füfzäh

quinze

16

sächzäh

seize

17

siebzäh

dix-sept

18

achtzäh

dix-huit

19

nünzäh

dix-neuf

20

zwänzg

vingt

100

Hundert

cent

1.000

Tuusig

mille

1.000.000

Million

le million

Änglisch

l'anglais

Amerikanischs Änglisch

l'anglais américain

Chinesisch Mandarin

le chinois mandarin

Hindi

le hindi

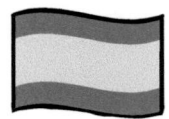

Spanisch

l'espagnol

Französisch

le français

Arabisch

l'arabe

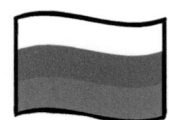

Russisch

le russe

Portugiesisch

le portugais

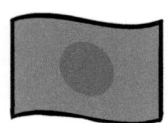

Bengalisch

le bengali

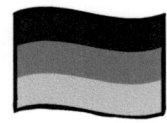

Dütsch

l'allemand

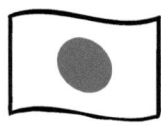

Japanisch

le japonais

ich
je

du
tu

är / sie / es
il / elle / ce, c', cela

mir
nous

ihr
vous

sie
ils / elles

wär?
Qui ?

was?
Quoi ?

wie?
Comment ?

wo?
Où ?

wänn?
Quand ?

Name
le nom

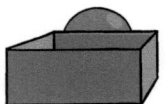

hinder

derrière

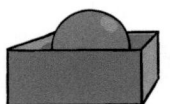

in

dans

vor

devant

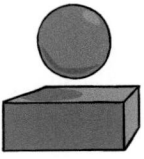

über

au-dessus

uf

sur

under

en-dessous

näbe

à côté de

zwüsche

entre

dr Ort

le lieu